Optimierung der Einkaufsorganisation

Horst Hartmann u.a.

Optimierung der Einkaufsorganisation

Wege zur Effizienzverbesserung
mit Beispielen aus der Praxis

Band 5
Praxisreihe Einkauf/Materialwirtschaft
herausgegeben von
Professor Dr. Horst Hartmann

Deutscher Betriebswirte-Verlag GmbH, Gernsbach

Die Deutsche Bibliothek — CIP-Einheitsaufnahme

Hartmann, Horst:
Optimierung der Einkaufsorganisation: Wege zur Effizienzverbesserung mit
Beispielen aus der Praxis / Horst Hartmann u.a. — Gernsbach : Dt.
Betriebswirte-Verl., 1996
  (Praxisreihe Einkauf Materialwirtschaft ; Bd. 5)
   ISBN 3-88640-067-0
NE: GT

© Deutscher Betriebswirte-Verlag GmbH, Gernsbach 1996
Satz: Deutscher Betriebswirte-Verlag GmbH, Gernsbach
Druck: Holzmann Druck, Bad Wörishofen
ISBN: 3-88640-067-0

1. Abschnitt

**Organisatorische Veränderungen im Einkauf -
Gründe, Voraussetzungen und Trends**

2. Abschnitt

Effizienzverbesserung durch EDV-Unterstützung im Einkauf

3. Abschnitt

Organisatorische Absicherung des Einkaufs in der Praxis

Verzeichnis der Abbildungen

Verzeichnis der Beispiele

Vorwort

Ein Blick in die Wirtschaftspresse und in einschlägige wissenschaftliche Veröffentlichungen zeigt, daß das Thema "Organisationsentwicklung" zur Zeit hochaktuell ist. Ziel ist es, schlanker, schneller und flexibler zu werden. Bevor erfolgreiche strukturelle Veränderungen zur Steigerung der Effizienz eines Unternehmens möglich sind, müssen allerdings verschiedene Hemmnisse überwunden werden. Dies stellt an die Führungskräfte und Mitarbeiter hohe Anforderungen im Hinblick auf Fachwissen, Leistungsfähigkeit und Leistungsbereitschaft.

Auch der Einkauf muß sich veranlaßt sehen, seine bisherige Organisationsstruktur und Anordnungsmuster unter Effizienzgesichtspunkten zu überdenken und den Handlungsrahmen der Mitarbeiter neu zu definieren. Der zunehmende internationale Wettbewerb, eine ständige Verkürzung der Produktlebenszyklen, die größer werdende Problemkomplexität und hohe technische Innovationsraten erhöhen seit längerem die Anforderungen an die Flexibilität der Aufbau- und Ablauforganisation in der Materialwirtschaft und damit auch im Einkauf. Lieferantenauditierung und vorgezogene Einkaufsaktivitäten bei der Entwicklung neuer Produkte erhöhen den Einfluß des gestaltenden Einkaufs.

Die Philosophie des Einkaufsmarketing erweist sich gerade in einem schwierigen wirtschaftlichen Umfeld als besonders tragfähig. Ihre Realisierung stellt jedoch hohe Anforderungen an die Kompetenz der Führungskräfte, da traditionell der Einkauf eher als Kostenfaktor betrachtet wurde und eine Abgrenzung zur Beschaffung nicht erfolgte.

Ob die Mitarbeiter im Einkauf auf die neuen internen und externen Anforderungen schon hinreichend vorbereitet sind, soll dahingestellt bleiben. Dies entbindet die Unternehmen jedoch nicht von der Notwendigkeit, organisatorische Veränderungsprozesse in die Wege zu leiten, was auch die Installation leistungsfähiger computer-gestützter Anwendungsprogramme einschließt. Die neuen Strukturen gehen mit einer zunehmenden Nutzung von Standardsoftware für integrierte Dialogsysteme einher. Das wird in diesem Buch verdeutlicht.

In dieses Buch sind Erfahrungen von Unternehmen, neueste Erkenntnisse und Ergebnisse zahlreicher Fachdiskussionen mit Führungskräften aus der Industrie eingeflossen. Ich denke, es ist eine wichtige und lohnende Aufgabe, sich mit den Ideen und Konzepten anderer Unternehmen auseinanderzusetzen, auch wenn es nur darum geht, die eigene Organisation einem kritischen Vergleich zu unterziehen. Neue Begriffe und Modeworte, die zunehmend in Umlauf gebracht werden, bewirken noch keine organisatorische Veränderung oder Effizienzverbesserung. Im Gegenteil: Ohne Schulung, verbesserte Entscheidungskompetenz und Motivation entstehen Frustrationen.

Dank gebührt allen, die bereitwillig an dieser Arbeit mitgewirkt haben.

Kiel, im Januar 1996
Horst Hartmann

14

1. Abschnitt

Organisatorische Veränderungen im Einkauf
- Gründe, Voraussetzungen und Trends -

Prof. Dr. Horst Hartmann

1. Die Schlüsselrolle des Einkaufs für die Wettbewerbsfähigkeit von Unternehmen

In Zeiten der Hochkonjunktur, in denen durch Preiserhöhung jede Verschwendung und jede Kostensteigerung an den Kunden weitergegeben werden kann, ist im allgemeinen der Handlungsbedarf der Unternehmen, komplexe und verkrustete Organisationsstrukturen aufzulösen und zu verändern, gering. Wenn jedoch stagnierende oder rückläufige Absatzzahlen beträchtliche Gewinneinbrüche oder gar Verluste entstehen lassen und der Einkauf gefordert ist, Einsparungs- und Qualitätspotentiale für das Unternehmen zu schaffen, ist die Stoßrichtung einer strategischen Neuorientierung des Einkaufs in einer verstärkten Orientierung auf die Lieferanten und den Markt zu sehen.

Es war schon immer eine Aufgabe des Einkaufs, neben den Kosten der Bevorratung die Materialkosten aktiv zu beeinflussen. Die Bedeutung dieser Aufgabe wird anhand der Abbildung 1 ersichtlich.[1] Danach sind Materialintensitäten (Materialaufwand in % der Gesamtleistung) von 50 % und mehr in verschiedenen Branchen der verarbeitenden Industrie keine Seltenheit. Die Abbildung verdeutlicht zugleich, daß der Materialaufwand die bei weitem größte Aufwandsposition in der verarbeitenden Industrie darstellt. Jede Reduzierung des Materialaufwandes in % der Gesamtleistung bewirkt damit eine ins Gewicht fallende Ergebnisverbesserung.

---

[1] Siehe Monatsbericht der Deutschen Bundesbank, Nr.11, Frankfurt, Nov. 1994, S. 32 ff. - In der Gesamtleistung eines Unternehmens sind über den Umsatz hinaus noch Bestandsveränderungen und Eigenleistungen enthalten. Vgl. auch vom Verf.: Materialwirtschaft, Organisation, Planung, Durchführung, Kontrolle, 6. Auflage, Deutscher Betriebswirte-Verlag, Gernsbach 1993, S. 39 ff.

Branche	Materialaufwand in % von der Gesamtleistung 1992	Personalaufwand in % von der Gesamtleistung 1992
Verarbeitende Industrie insgesamt	52,42	25,50
Chemische Industrie	48,30	26,23
Eisenschaffende Industrie	55,31	29,79
Maschinenbau	46,50	34,18
Fahrzeugbau	60,34	24,98
Elektrotechnik	50,02	32,79
Eisen-, Blech-, Metallwaren	44,95	32,37
Baugewerbe	47,88	33,30

Quelle: Deutsche Bundesbank, Monatsbericht, November 1994, S. 32 ff.

Abbildung 1: Material- und Personalaufwand an der Gesamtleistung ausgewählter Branchen der verarbeitenden Industrie

Auf den Einzelfall bezogen kann der Kosten-Gewinn-Hebel des Einkaufs anhand nachstehender "Formel" berechnet werden:

$$GB_E = \frac{MA * ME}{UR}$$

Dabei bedeuten:

GB_E = Gewinnbeitrag des Einkaufs, ausgewiesen als vergleichbare Umsatzsteigerungsrate

MA = Materialaufwand in % vom Umsatz (= Materialintensität)
ME = Materialkosteneinsparung in % der Materialkosten
UR = Umsatzrentabilität

16

Modellrechnungen dieser Art sind für das einzelne Unternehmen beeindruckend, weil sie zeigen können, um wieviel Prozent der Umsatz gesteigert werden müßte, um denselben Gewinneffekt wie eine einprozentige Senkung des Materialkostenanteils am Umsatz zu erzielen. Das soll nachstehend an einem konkreten Beispiel erläutert werden:

Beispiel 1:   *Zahlenbeispiel zur Erfolgswirksamkeit von Materialkosteneinsparungen*

Angenommen, der Anteil des Materialaufwandes an der Gesamtleistung - die sog. Materialintensität - beträgt 50 % und die Umsatzrentabilität 3 %, dann kommt eine 1,5 %ige Verminderung des Materialaufwandes durch preisgünstigeren Einkauf einer Steigerung des Verkaufsumsatzes von 25 % insoweit gleich, daß der Gewinn sich bei beiden Maßnahmen um den gleichen Betrag erhöht.

Es ist unschwer zu erkennen, daß der Ergebniseinfluß des Einkaufs

■   den höchsten Wirkungsgrad in schlecht verdienenden Unternehmen mit einer hohen Materialintensität erreicht,

■   den niedrigsten Wirkungsgrad in gut verdienenden Unternehmen mit einer niedrigen Materialintensität erzielt.

Materialkosten zu reduzieren ist somit eines der erfolgversprechendsten Mittel, das Unternehmensergebnis und damit auch die Wettbewerbsfähigkeit des eigenen Unternehmens zu verbessern. In der Regel sind diese Kostenverbesserungen wirksamer und schneller zu realisieren als die Erhöhung der Produktivität. Es kommt - wie in Abbildung 2 schematisch dargestellt - hinzu, daß

■   in Zukunft der Fokus nicht nur auf einer Minimierung der reinen Materialkosten bei gleichzeitiger Sicherstellung der Qualität, sondern auf einer Verringerung der Herstell- und gesamten Prozeßkosten liegen wird.

Es handelt sich hierbei um eine Aufgabe, die der Einkauf nur in Zusammenarbeit mit der Entwicklung, Konstruktion und Produktion im eigenen Unternehmen sowie in enger Kooperation mit Lieferanten wahrnehmen kann. Die Früheinschaltung des Einkaufs in die Produktentwicklung kann technologische Zwänge verhindern, die im nachherein kaum noch zu revidieren sind und einen Lieferantenwettbewerb von vornherein einschränken (können). Dabei sind auch Ansatzpunkte zur Verminderung der Transport- und Entsorgungskosten zu suchen. So muß der Einkauf in Zusammenarbeit mit Spediteuren, die in der Beschaffungslogistik - eventuell auch international - einschlägige Erfahrungen besitzen, kostengünstige und zuverlässige Versorgungskonzepte entwickeln.

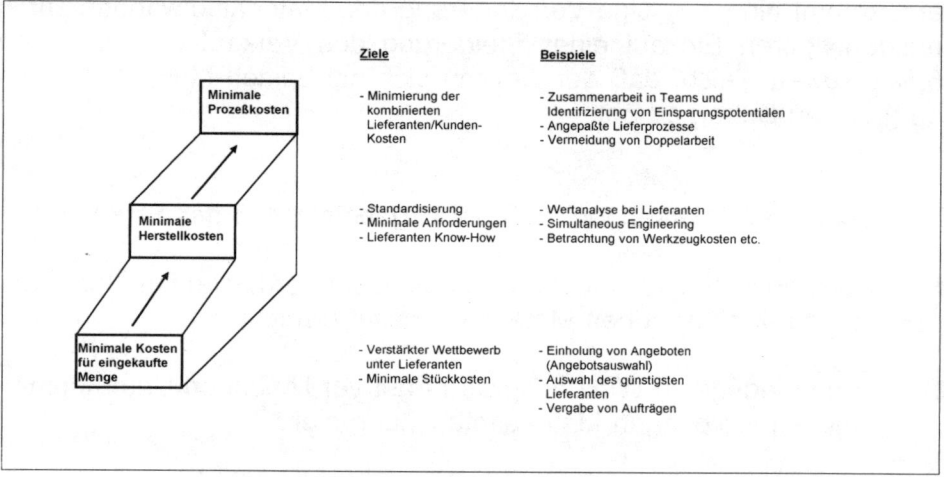

Abbildung 2:   Ansatzpunkte zur Ausschöpfung von Einsparungspotentialen

Aber nicht nur der Kosten-Gewinn-Hebel ist entscheidend, sondern auch der "Einkauf" des Forschungs- und Entwicklungspotentials der Lieferanten. Nur ein marktgerichteter Einkauf, dessen Aktivitäten auf der Philosophie des Marketing beruhen, kann mit einer gezielten, systematischen Beschaffungsmarktforschung, die er regional oder weltweit im Sinne des Global Sourcing betreibt, leistungsfähige Lieferanten aufspüren und ihr Know-How in den Wertschöpfungsprozeß integrieren. Der Einkauf kann somit als Drehscheibe für Innovationen und Know-How gesehen werden.

18

Die von vielen Unternehmen verfolgte Strategie des Outsourcing der Reduzierung der Fertigungstiefe unter Beibehaltung der strategisch bedeutsamen Technologien führt dazu, daß die Leistung des Einkaufs mehr denn je entscheidend für die Wettbewerbsfähigkeit der Unternehmen ist. Durch einen vermehrten Übergang von Eigen- zu Fremdfertigung werden immer mehr Komplettsysteme und Dienstleistungen eingekauft, so daß sich die Zukaufsintensität erhöht. Gerade in dieser Situation ist es notwendig, daß der Einkauf durch genaue internationale Beschaffungsmarktkenntnisse Kostenvorteile schafft und Innovation und Know-How von den Märkten ins Unternehmen bringt.

■   Qualität, Schnelligkeit und Kostenführerschaft werden weiter und verstärkt vom Einkauf gefordert sein.

Wenn Lean-Management-Konzepte realisiert und neue Arbeitsstrukturen und -methoden (Teamarbeit, Simultaneous Engineering, produktorientierte Segmentierung, neue Formen der Lieferanten-Partnerschaft etc.) entwikkelt werden, kommt dem Einkauf jene strategische Bedeutung zu, die er in der Vergangenheit häufig vergeblich gefordert hat.

Damit sind die wesentlichen Stoßrichtungen des strategisch orientierten Einkaufsmanagement - die Entsorgungsfunktion des Einkaufs ist hier ausgeklammert - skizziert.

Auf diesem Hintergrund stellt sich die Frage, warum vor allem in mittelständischen Unternehmen der verarbeitenden Industrie das typische Profil von Einkaufstätigkeiten nach wie vor eindeutig verwaltungslastig[1] ist, so daß wenig Zeit für das aktive Einkaufsmarketing verbleibt.

---

[1]   Siehe Buff, Robert: Kostenmanagement im Einkauf, in: Beschaffung aktuell, Nr. 8, Leinfelden 1993, S. 19 ff.

Folgende Checkliste erleichtert die Vorgehensweise	Nein	Ja	Maß-nahmen
fehlende/mangelnde Unterstützung durch die Geschäftsführung			
unklare Kompetenzregelung zwischen Produktion, Verkauf und Einkauf/ Materialwirtschaft			
Konkurrenzdenken zwischen den Fachabteilungen des eigenen Unternehmens			
Präjudizierung der Lieferantenauswahl durch die Technik ohne Einholung qualifizierter Angebote und Führung von Verhandlungen			
übertriebene Qualitätsanforderungen der Entwicklungs- und Konstruktionsabteilungen			
fehlende/mangelnde Information des Einkaufs aus dem eigenen Unternehmen			
Produkt- und Teilevielfalt			
fehlende Strukturierung des Teilespektrums nach Wertanteilen und Vorher-sagegenauigkeiten (ABC-Analyse, XYZ-Analyse)			
fehlende Plandaten für Rahmenvereinbarungen			
Terminnot ("Der Einkauf macht´s schon")			
fehlende oder unvollständige Informationsbasis im Einkauf (Lieferantenbe-wertungen, Mengenstaffeln, Reklamationsquoten etc.)			
hoher Aufwand bei der Bestellüberwachung und Rechnungsprüfung			
unzureichende Unterstützung durch Datenverarbeitung			
Vernachlässigung des Einkaufs bei wesentlichen Fragestellungen (Make-or-Buy, Standardisierung, Substitution von Teilen etc.)			
fehlende Markttransparenz, da Beschaffungsmarktforschung nicht oder nur oberflächlich durchgeführt wird			
unzureichende Qualifikation der Mitarbeiter im Einkauf			
Einkauf fungiert als Bestellbüro ("post office")			
Einkauf trägt (auch) dispositive Verantwortung (sogenannter dispositiver Ein-kauf)			
unklare Kompetenzabgrenzung zwischen Einkauf und Disposition			
unzureichende Kompetenz (z.B. hierarchisch der Produktion unterstellt)			

Abbildung 3:   Ursachen von Effizienzverlusten im Einkauf - eine Check-liste

2. Was verhindert eine Verbesserung der Einkaufsleistung?

In einer Checkliste zur Beantwortung dieser komplexen Frage könnten u. a. die in Abbildung 3 aufgelisteten typischen Ursachen genannt werden. Die meisten der dort erwähnten Gründe sind Verhaltensfehler oder Führungsmängel, die oft zueinander in Beziehung stehen. Dabei geht es meistens nicht um sachliche Differenzen, sondern um die menschliche Glaubwürdigkeit, den Führungsstil, die Information und Kommunikation.

Von grundsätzlicher und weittragender Bedeutung ist die Tatsache, daß sich der Einkäufer noch zu oft und undifferenziert[1] in der dispositiven Bestellabwicklungsfunktion wiederfindet, also auf Zuruf tätig wird, disponieren und verwalten muß. Er kauft in der Regel hinter dem Bedarf her ein und muß Verantwortung für zu viele Aufgaben übernehmen. Die Personalkapazität wird im wesentlichen durch verwaltende und dispositive Tätigkeiten gebunden. Dadurch werden marktorientierte Aktivitäten sehr stark in den Hintergrund gedrängt und die Motivation hierfür geht verloren. Wenn im Rahmen einer Effizienzanalyse zu untersuchen ist, welche Tätigkeiten im Einkauf ausgeführt werden und welcher Zeitaufwand im einzelnen dafür erforderlich ist, so können durch gezielt vorbereitete Interviews mit relativ geringem Aufwand, aussagekräftige Ergebnisse gewonnen werden, wie das nachstehende Beispiel aus der Praxis illustriert:[2]

Beispiel 2: Effizienzanalyse im Einkauf eines mittelständischen Unternehmens

In einem mittelständischen Unternehmen mit ca. 100 Mio. DM Umsatz bei einem Beschaffungsanteil von etwa 40 % konnte trotz hoher Arbeitsintensität die Einkaufsleistung die Mitarbeiter nicht zufrieden stellen; sie waren demotiviert. Vor diesem Hintergrund sollte eine Schwachstellenanalyse durchgeführt werden. Inhalt dieser Analyse war u.a. eine detaillierte Untersuchung der Tätigkeitsstruktur. Dazu war es sinnvoll, folgende Haupttätigkeitsgruppen zu bilden:

---

[1]   Auf die Verfahren der Arbeitsanalyse wird im Rahmen dieser Arbeit im Einzelnen nicht eingegangen. Siehe dazu ausführlich vom Verf.: Materialwirtschaft, a.a.O., S.141 ff.

[2]   Siehe vom Verf.: Ergebnisorientierter Einkauf, in: Beschaffung aktuell, Nr. 2, Leinfelden 1990, S. 34 ff.

- Dispositive Tätigkeiten:
  - Bearbeitung der Dispositionslisten (einschließlich Rückfragen im Betrieb)
  - Bestandsüberwachung, -kontrolle sowie -korrekturen
- Verwaltende Tätigkeiten:
  - Bestellung, Bestellbearbeitung
  - Terminverfolgung, Wareneingangserfassung/Informationsverarbeitung
  - Reklamationsbearbeitung
  - Rechnungsprüfung
- Gestaltende Tätigkeiten
  - Kontakte mit Bedarfsträgern/Betrieb
  - Kontakte mit Vertretern, Lieferanten, Messebesuche
  - Angebotseinholung und -auswertung
  - Verhandlungsvorbereitung und Vertragsabschlüsse
- Sonstige Tätigkeiten
  - Verkauf von Schrott, gebrauchten Maschinen
  - Entsorgung, Abfallbeseitigung
  - Erstellung von Zollpapieren
  - Konsignationslager-Abrechnung

Die Einschätzung der Einkäufer hinsichtlich der zur Erfüllung ihrer Tätigkeiten erforderlichen Zeit führte zu folgenden Ergebnissen (Abbildung 4):

- Die dispositiven Tätigkeiten beanspruchten mit 40 % einen annähernd so großen Anteil an der Gesamttätigkeitszeit der Einkäufer wie die verwaltenden Tätigkeiten der Bestellabwicklung.

- Für die Erfüllung der vorrangigen gestaltenden/kreativen Einkaufsaufgaben verblieben dem Einkäufer nur ca. 15 % der Gesamtarbeitszeit, das heißt im Durchschnitt etwa eine Stunde/Arbeitstag!

In diesem Praxisfall - und ähnliche Beispiele sind vor allem in der mittelständischen Industrie anzutreffen[1) - wird der Einkäufer zu einem erheblichen, nicht vertretbaren Maße mit dispositiven und verwaltenden Tätigkeiten belastet. Obwohl er in seiner Warengruppe eingearbeitet ist und über detaillierte Produktkenntnisse verfügt, kann er diese nicht effizient nutzen, sondern wird intern als zentrale Auskunftsinstanz belastet und ist zugleich "Mädchen für alles". Dieser Mißbrauch beruht auf dem falschen Argumentationsbegriff des "Einkaufsservice".

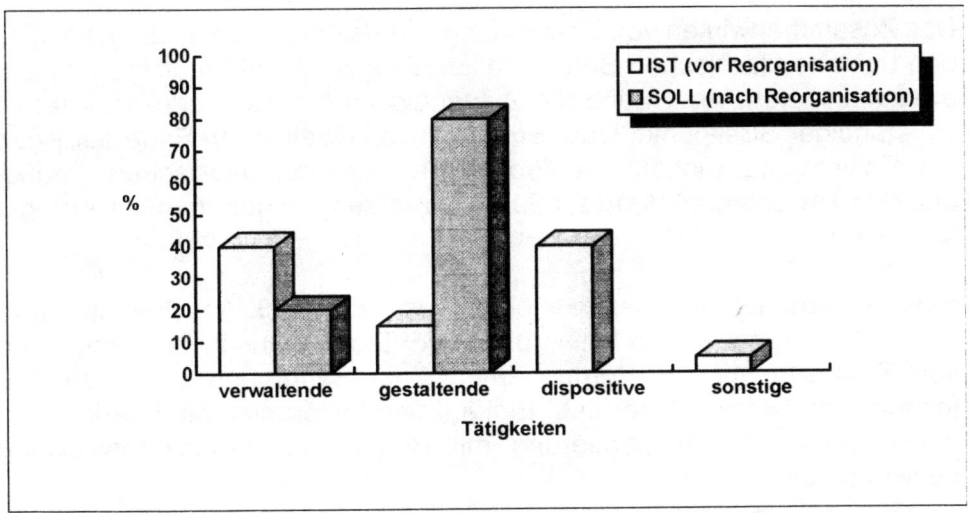

Abbildung 4:   Tätigkeitsanalyse des Einkaufs - ein Praxisbeispiel

Da die Sicherstellung der Versorgung des Betriebes primäres Ziel sein muß, werden die Aufgaben des Einkaufs im wesentlichen auf eine mengen- und termingerechte Beschaffung reduziert.

■   Vor lauter Disposition und Verwaltung kommt der Einkauf nur unzureichend zum kreativen Einkaufen; so gesehen verdient er seinen Namen nicht!

---

1)   Siehe u.a. Pferdmenges, Steffen: Einkaufsmarketing, in: Beschaffung aktuell, Nr. 10, Leinfelden 1988, S. 39 f. sowie Lohmann, Rüdiger / Schubert, Paul: Effektiver Einkaufen durch Trennung von Marktbearbeitung und Beschaffung, in: Beschaffung aktuell, Nr. 11. Leinfelden 1988, S. 48 ff.

■   Die Belastung des Einkaufs mit ungleichartigen Aufgaben führt zu Effizienzeinbußen auch im dispositiven Bereich!

3.   Der Einkauf zwischen allen Stühlen?

Die Praxis zeigt aber auch, daß Zielkonflikte und Verantwortungsleerräume zu den Dauererscheinungen der betrieblichen Realität gehören können.

Das Zusammenwirken von Entwicklung, Produktion und Einkauf gehört zu den beinahe klassischen Schnittstellen. Das zeigt sich deutlich bei Neuproduktanläufen. Aber auch die Zuständigkeit für die Produktqualität ist ein ständiger Streitpunkt. Das "Erprüfen" von Qualität am Ende der Kette von Entwicklung, Einkauf und Produktion - eine der klassischen Kreationen des Taylorismus - führt zu Schuldzuweisungen und Immunisierungsstrategien.

Eine moderne Lösung dieses Problems ist - wie im 3. Abschnitt in der 4. Fallstudie dargestellt - im Initial- bzw. Pilot-Einkauf und in der Festlegung von Zielkosten für alle Komponenten einer Baugruppe zu sehen. Die technischen Bereiche, Vertrieb, Einkauf und Lieferanten sind dadurch zu gemeinsamer Kostenoptimierung mit Beginn der Produktentwicklung gezwungen.

Das Problem der Bestände ist ein weiteres typisches Beispiel für einen permanenten Zielkonflikt. Aus der Sicht des Controlling sind niedrige Bestände wegen der Zins- und Liquiditätsbelastung unter allen Umständen zu realisieren, während der Einkauf nach großen Bestellmengen strebt, Entwicklung und Konstruktion oft zur Verwendung von Spezialteilen statt mehrfach verwendbarer Standardteile neigen und die Produktion gerne über Sicherheitspolster verfügt, um einen reibungslosen Fertigungsprozeß zu gewährleisten. Ein intensiver Informationsaustausch zwischen den Bereichen könnte dazu beitragen, daß derartige Konfliktsituationen weniger häufig auftreten. Hohe Bestände sind häufig ein Indikator für bereichsbezogene Optimierung auf Kosten eines Gesamtoptimums. Bei den heute notwendigen kurzfristigen Produktumstellungen und reduzierten Produktlebenszyklen droht eine Inflation der Materialien im Lager, die nur durch eine umfassende Standardisierung gebremst werden kann.

Die Symptome von Schnittstellenproblemen zeigen sich einmal an vorherrschenden Kommunikationsmustern sowie Verhaltensweisen und zum anderen an spezifischen Kostenarten, die aus Reibungsverlusten notwendigerweise resultieren.

Was sind die typischen Verhaltensmuster?

-    Verteilen von Schuldzuweisungen; Suche nach Schuldigen, nicht nach Problemursachen

-    Kompetenzgerangel statt interdisziplinäres Denken und Handeln

-    Kreativität beim Erfinden von Immunisierungsstrategien gegen mögliche Kritik, nicht bei der Problemlösung

-    über den Hierarchiezwang bewirkte Kompromisse, nicht gemeinsam erarbeitete Konfliktlösungen

-    kein abgestimmtes Vorgehen im Problemfeld; von einem Management-Team kann keine Rede sein.

Die Symptome von Schnittstellenproblemen zeigen sich aber nicht nur auf der Ebene von Verhaltensweisen, sondern auch in entsprechenden Kosten, wie z. B.

-    Kosten für Kapitalbindung

-    Änderungskosten bei Neuanläufen, etwa durch Lieferantenwechsel oder durch neue Werkzeuge

-    Ausschußkosten

-    nicht notwendige Gemeinkosten, die durch Reibungsverluste und Koordinierungsaufwand entstehen.

Die hier angesprochenen Probleme sollen verdeutlichen, daß

■   eine Verbesserung der Einkaufsleistung nicht nur durch strukturelle Veränderungen dieser Funktion erreicht werden kann, sondern daß die Integration von auseinanderdriftenden Aufgabenbereichen sicherzustellen ist.

Die Überlegungen leiten daher auch über zu der Forderung nach interdisziplinärer Projekt- und Teamarbeit, auf die unter Ziffer 10 in diesem Abschnitt eingegangen wird.

4. Effizienter Einkaufen durch Trennung von Einkaufsmarketing und Beschaffung

Der strategische Wettbewerbsvorteil kann kurzfristig nur zusammen mit den Lieferanten unter Führung des Einkaufs in enger Zusammenarbeit mit allen betroffenen Unternehmensbereichen realisiert werden.[1]

Der Einkauf muß daher - wie bereits erwähnt - von Anfang an in Forschungs- und Entwicklungsprozesse einbezogen werden, um in der Lage zu sein, vor dem Bedarf unter Beachtung von Kosten und Qualität zu recherchieren. Das erfordert eine andere Denkweise und setzt die konsequente Abwendung des Einkaufs von der traditionellen Rolle des dispositiven Bestellbüros oder des "logistischen Einkaufs"[2] hin zu einer marktorientierten Funktion voraus. Damit führt die konsequente Umsetzung dieses Lösungsansatzes zu folgendem Organisationskonzept:

- Entlastung des Einkaufs von verwaltenden und dispositiven Aufgaben,

- Verlagerung der verwaltenden Aufgaben der Bestellabwicklung aus dem Einkauf,

- Zuordnung der Bestellabwicklung zur Disposition oder Beschaffungslogistik,

---

[1]   Jetter, Otto: Einkaufsmanagement - Qualitätsprodukte kostengünstig einkaufen in Europa und weltweit, Verlag Moderne Industrie, Landsberg 1990, S. 78.

[2]   Gerlich, Eggbert W.: Logistischer Einkauf - marktkonform, in: Beschaffung aktuell, Nr. 6, Leinfelden 1992, S. 32 ff.

- objektorientierte Stellengliederung im Einkauf und in der Beschaffung[1],

- · Gleichstellung von Einkauf und Beschaffung, da die Gefahr der Rückdelegation gegeben ist, wenn die Beschaffung dem Einkauf hierarchisch unterstellt wird,

- Ausnahmeregelungen bei Kleinbestellungen oder bei einer geringen Zahl von Abrufen aus Rahmenabkommen, wie es z. B. bei Einzelfertigung im Sondermaschinenbau gegeben sein kann (siehe auch unter Ziffer 7 in diesem Abschnitt).

Auf diesem Hintergrund ist unschwer zu erkennen, daß als strukturelle Veränderungsmaßnahmen zur Steigerung der Effizienz im Einkauf grundsätzlich die nachfolgenden Möglichkeiten in Betracht kommen:

(1) Der Einkauf - nunmehr als Einkaufsmarketing strukturiert - operiert organisatorisch getrennt von der Bestellabwicklung. Die Schnittstelle zur Disposition bleibt bestehen.

■ Die Mengen- und Terminverantwortung ist nach wie vor auf zwei Instanzen, auf die Bestellabwicklung und die Disposition, verteilt, so daß das Kongruenzprinzip mißachtet wird. Dieses verlangt eine Übereinstimmung von Aufgabe, Kompetenz und Verantwortung. Da bei dieser Lösung die Frage, "wer" nun eigentlich für die Versorgung des Betriebes verantwortlich ist, ungeklärt bleibt, sind u. a. Schuldzuweisungen und Reibungsverluste zu erwarten. Auch überhöhte Bestände können erfahrungsgemäß die Folge organisatorischer Schwachstellen sein.

(2) Die Bestellabwicklung wird der Disposition zugeordnet oder die Disposition der Bestellabwicklung. Die neue Organisationseinheit operiert als Beschaffung getrennt vom Einkaufsmarketing.

■ Diese Organisationsstruktur ermöglicht eine eindeutige Definition der Schnittstellen und damit eine klare Regelung der Kompetenzen:

---

[1] Wenn der Disposition die Bestellabwicklung zugeordnet wird, sollte sinnvollerweise dem Begriff Beschaffung der Vorzug gegeben werden.

-        Während der Einkauf für den "kommerziellen Part" verantwortlich
         ist, liegt die Mengen- und Terminverantwortung allein bei der
         Beschaffung.

Beschaffungsmarktforschung	Bedarfsermittlung und Disposition
Preis- und Wertanalyse	Bestellabwicklung unter Verwendung der Lieferantendatei der Materialwirtschaft
Kostensenkungsprogramme	Terminüberwachung, - sicherung
Einholung und Auswertung von Angeboten	Reklamation im Routinefall
Lieferantenauswahl	Bestandsüberwachung
Preisverhandlungen	Prüfung und Bearbeitung der Auftragsbestätigung
Abschlüsse	
Erfassung und Pflege der Daten in der Lieferantendatei der Materialwirtschaft	

Abbildung 5:   Aufgabenverteilung zwischen Einkauf und Beschaffung - ein Praxisbeispiel

Wie die Verteilung der Aufgaben zwischen Einkauf und Beschaffung erfolgen kann, vermittelt Abbildung 5 als Anwendungsbeispiell[1] und ausführlich im dritten Abschnitt der zweite Praxisfall.

Darauf hinzuwirken ist, daß Einkauf und Beschaffung als gleichrangige und sich ergänzende Funktionen der Materialwirtschaft zugeordnet werden. Wie die Organisationsstruktur - ergänzt noch um den Wareneingang

---

[1]   Siehe vom Verf.: Materialwirtschaft, a.a.O., S. 28.

und das Lager einschließlich der Entsorgung - aussehen kann, zeigt Abbildung 6. Diese sog. klassische Materialwirtschaft[1] ist verantwortlich für die Bereitstellung des Materials bis zur ersten Fertigungsstufe. Sie hat daher nur in begrenztem Maße Einfluß auf Bestände und Lieferservice. Ihr Schwerpunkt liegt eindeutig auf der Einkaufsseite bei der Ausschöpfung der Möglichkeiten der Beschaffungsmärkte.

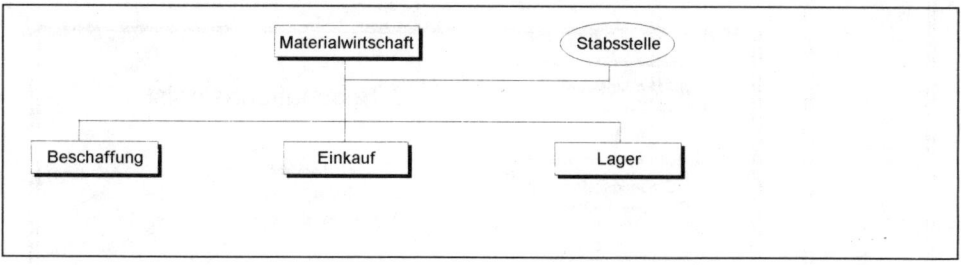

Abbildung 6:   Organisationsstruktur der "klassischen" Materialwirtschaft bei Gleichrangigkeit von Einkauf und Beschaffung

Sofern Unternehmen die Materialwirtschaft um logistische Aufgaben - auch unter dem Oberbegriff Logistik - erweitern, ergeben sich komplexere Koordinierungsaufgaben. Das kann zu nachstehender struktureller Veränderung führen:

(3) Dem Funktionsbereich Beschaffung werden - nunmehr verstanden als logistisches Teilsystem - alle Aufgaben zugeordnet, die wahrgenommen werden müssen, um den Materialfluß vom Beschaffungsmarkt bis zum Beschaffungslager oder direkt in den Produktionsprozeß zu steuern. Die Beschaffung wird damit zur Beschaffungslogistik ausgeweitet.

---

[1]   Siehe dazu ausführlich vom Verf.: Materialwirtschaft, a.a.O., S. 64 ff. - Vgl. auch vom Verfasser, Beschaffungsorganisation optimal gestalten abseits traditioneller Rollen, in: Maschinenmarkt, Würzburg, Dez. 1993, S. 44 ff.

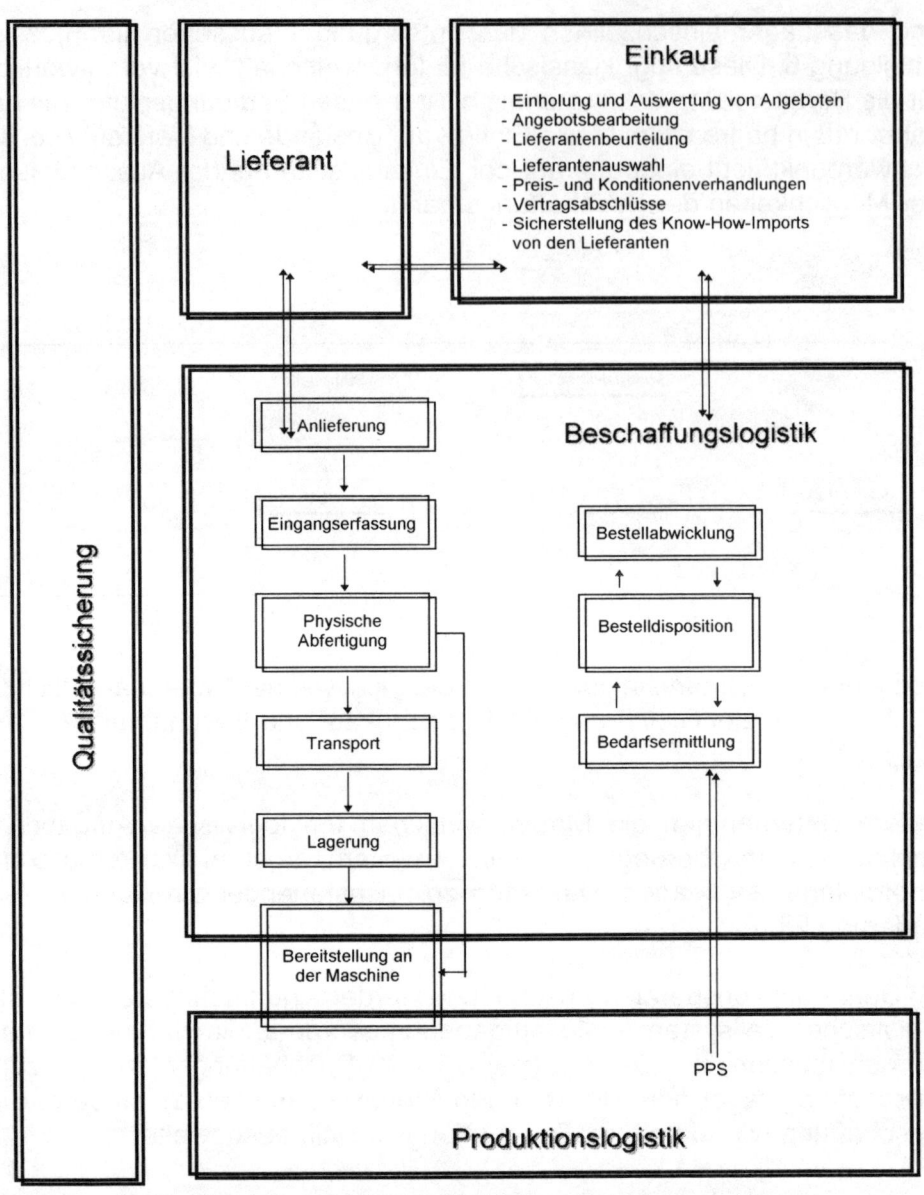

Abbildung 7: Subsysteme der Beschaffungslogistik in Abgrenzung zum Einkauf (Schematische Darstellung)

Abbildung 7 zeigt schematisch die Abgrenzung von Einkauf und Beschaffungslogistik sowie deren Subsysteme.[1]

Das nachfolgende Beispiel erläutert diese strukturierende Gestaltungsform anhand eines Praxisfalls.

Beispiel 3:   *Arbeitsteilung zwischen Einkaufsmarketing und Beschaffungslogistik*

In einem Unternehmen der Elektroindustrie mit einem Beschaffungsvolumen von etwa 350 Mio. DM bei 24.000 aktiven Kaufteilen ist der Einkauf in 4 Einkaufsgruppen unterteilt. Innerhalb dieser liegt wiederum eine Dreiteilung der Aufgaben vor, die jeweils von einem Team, bestehend aus einem Marketingbeauftragten, einem Logistiker und einem Assistenten, erledigt werden.

Einen Teil der Aufgaben, den strategischen Einkauf, nehmen die Marketingmitarbeiter wahr. Den disponierenden Einkauf übernehmen die Logistiker. Ihnen obliegt auch die Bedarfsprüfung stilliegender Bestände mit Entscheidungsvollmacht über die Verwendung (vgl. auch Abbildung 8).

Im Rahmen der Vorbereitung von Preisverhandlungen sind die Logistiker aktiv an der Herstellung von Kontakten mit den potentiellen Lieferfirmen beteiligt. Diese Kontakte können die Logistiker erforderlichenfalls durch Firmen- und Messebesuche ausbauen.

Den Assistenten sind die allgemeinen verwaltenden Aufgaben, z. B. die Bestellbearbeitung mit dem Anlegen der Bestellvorgänge, der Auftragsbestätigungsprüfung und der Klärung von Termin- bzw. Preisveränderungen, zugeteilt worden.

Darüber hinaus erstreckt sich ihr Aufgabengebiet auf die Bearbeitung von Anfragen und die Auswertung der daraufhin eingegangenen Angebote, die Terminüberwachung und die Prüfung der Eingangsrechnungen.

---

[1]   In Anlehnung an Weber, Jürgen / Weise, Frank-J. / Kummer, Sebastian, Einführen von Logistik, Stuttgart 1993, S. 115.

Beschaffungslogistik	Einkaufsmarketing
Stammdatenpflege	Marktbeobachtung
Disposition	Anfragen/Angebotsvergleich
Bestellüberwachung	Lieferantenauswahl
Wareneingang	Verhandlungen
Qualitätskontrolle	Abstimmung mit Technik und Disposition
Lager	Materialkostensenkungsmaßnahmen
Bereitstellung	Materialpreisveränderungsrechnung
Retouren	Betriebswirtschaftliche Einkaufsanalysen
Recycling	

Abbildung 8: Aufgabenverteilung zwischen Einkaufsmarketing und Beschaffungslogistik - ein Praxisbeispiel

Um den Teamcharakter der Organisation zu unterstreichen, sind die jeweils drei zueinander gehörenden Teammitglieder räumlich unmittelbar zusammengesetzt worden.

Auf Fragen der begrifflichen Abgrenzung zwischen Materialwirtschaft und Logistik einzugehen, ist müßig[1]. Doch sollte die Logistik als eine Versorgungsfunktion verstanden werden, die für das Unternehmen insgesamt oder für einzelne seiner Teilbereiche, den Einkauf, die Produktion und / oder den Absatz die Mengen- und Terminverantwortung übernimmt. Ihre Subsysteme sind neben der Entsorgungslogistik die Beschaffungs-, Produktions- und Vertriebslogistik (vgl. Abbildung 9). Der Einkauf als marktorientierte Funktion sollte aus der strukturellen Konzeptionierung

---

[1] Siehe Fieten, Robert: Integrierte Materialwirtschaft - Stand und Entwicklungstendenzen, 3. Auflage, Konradin Verlag, Leinfelden 1994, S. 49 ff.

einer (ganzheitlichen) Logistik ausgeklammert werden. Im Rahmen der integrierten Materialwirtschaft ist der Einkauf jedoch eine wesentliche Teilaufgabe.

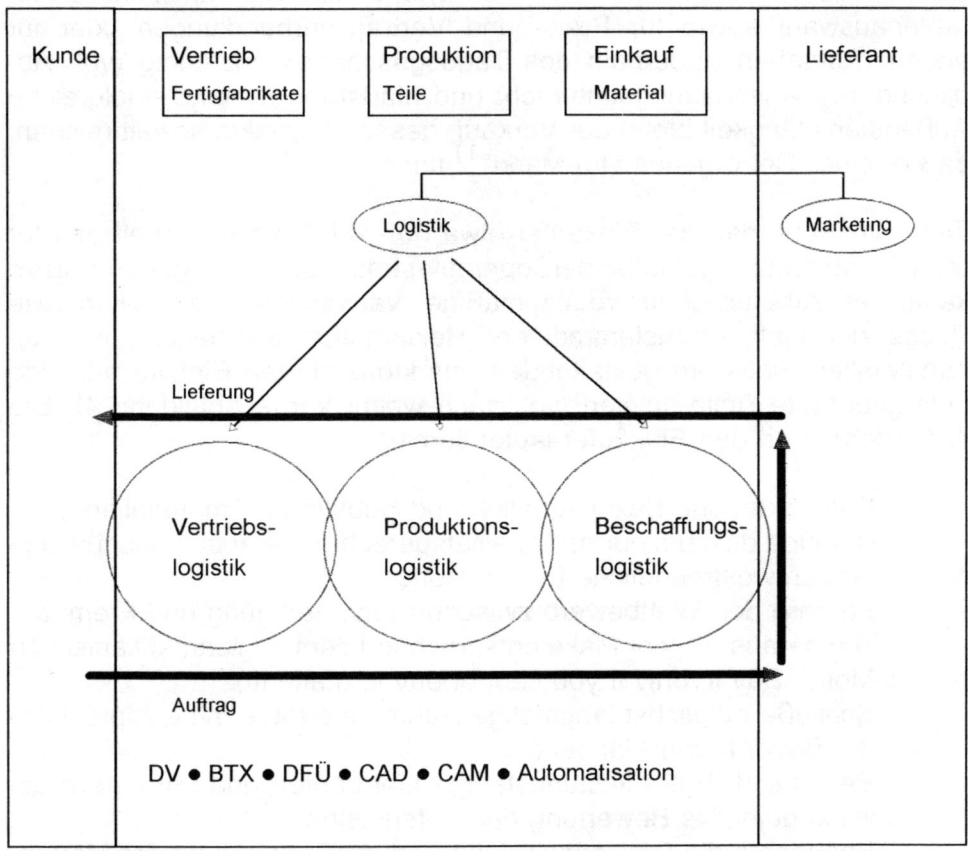

Abbildung 9: Logistik und ihre Subsysteme in Abgrenzung zum Einkaufsmarketing

5. Welche Aufgaben hat der marktorientierte Einkauf wahrzunehmen?

Entsprechend des skizzierten arbeitsteiligen Konzepts ist der Einkauf für die Marktbearbeitung, z. B. durch Messe- und Lieferantenbesuche, Lieferantenauswahl sowie für Preis- und Vertragsverhandlungen oder für andere Aufgaben außerhalb des Tagesgeschäftes zuständig (vgl. Abbildung 10). Anschauungsunterricht und Maßstäbe für eine erfolgreiche Außendiensttätigkeit bietet der Verkauf, dessen Kontakte soweit reichen, daß er eine "Geborgenheit im Markt"[1] findet.

Ziel sollte sein, daß der Einkäufer etwa 60 - 80 % seiner Arbeitszeit für die Wahrnehmung gestaltender, operativ-strategischer Aufgaben nutzen kann. Die Arbeitszeit für routinemäßige, verwaltende Tätigkeiten (wie Pflege der Lieferantenstammdaten, Reklamationsbearbeitung in Ausnahmefällen) sollte im gestaltenden, marktorientierten Einkauf nur eine untergeordnete Rolle spielen (vgl. auch weiter vorne Abbildung 4). Die Aufforderung an den Einkäufer lautet somit:

- Entdecke neue Bezugsquellen und Substitutionsmaterialien.
- Bemühe dich um ebenso qualitätsgerechte wie auch preisgünstige und umweltfreundliche Einsatzstoffe.
- Fordere den Wettbewerb zwischen Eigenfertigung und Fremdbezug heraus (Buy or Make entsprechend dem angloamerikanischen Motto: Buy it, only if you cannot buy it, make it!).
- Schließe möglichst langfristige Rahmenverträge mit entsprechender Bevorratungsklausel ab.
- Bemühe dich um leistungsfähige Lieferanten und um eine möglichst objektive Bewertung der Lieferleistung.[2]
- Beobachte die Preisentwicklung und die Entwicklung der Märkte.
- Erarbeite Preisvorhersagen unter Berücksichtigung der Markt- und Produktveränderungen und berücksichtige diese bei Preisverhandlungen.
- Beachte und nutze bei Preisverhandlungen das lieferantenseitige Eintreten von Lernkurveneffekten bei lohnintensiven Materialien.

---

[1] Kern, Ferdinand: Einkaufsmarketing - der Aufstieg zum Einkaufsmanagement, Rudolf Haufe Verlag, Freiburg 1991, S. 72

[2] Vgl. dazu ausführlich Hartmann / Pahl / Spohrer: Lieferantenbewertung - aber wie?, Deutscher Betriebswirte-Verlag, Gernsbach 1992, S. 19 ff.

- Informiere und berate andere Unternehmensbereiche.
- Integriere dich in projektorientierten Teams.
- Beachte bei allem die Regeln der ABC- und XYZ-Analyse; nutze die Erkenntnisse aus der Portfolio-Analyse.

■ Der Einkauf ist somit verantwortlich für Preise, Qualität und Beschaffungskapazität, das heißt für die Auswahl (langfristig) leistungsfähiger Lieferanten.

Die skizzierten Anforderungen machen deutlich, daß der Einkauf alter Prägung sich zum umfassenden Supply Management, also zum unternehmerischen Einkauf, wandelt. Dies setzt bei den Einkäufern ein anderes Verhalten und andere Formen der Kommunikation und Information voraus. Es ist ihre Aufgabe, als fairer und kompetenter Partner der internen Bereiche und der Lieferanten den Wettbewerb zwischen der Eigenfertigung und dem Fremdbezug herauszufordern. [1]

6.   Welche Aufgaben hat die Beschaffung wahrzunehmen?

Der Beschaffer erledigt als Bestelldisponent das Tagesgeschäft, das heißt, er ist zuständig für die Festlegung von Bestellmengen und -terminen sowie für die vollständige Bestellabwicklung, sofern Rahmenverträge vorliegen. Dabei greift er auf die vom Einkauf im PPS-System hinterlegten Informationen zurück, wie das nachfolgende Praxisbeispiel zeigt: [2]

---

[1]   Fieten, Robert, a.a.O., S. 71.

[2]   Siehe vom Verf.: Materialwirtschaft, a.a.O., S. 88 ff. _ Es ist darauf hinzuweisen, daß mit der Umstellung auf eine Produktlinienorganisation diese Organisationsstruktur aufgelöst wurde. Das Einkaufsmarketing fungiert nunmehr als selbständiger Bereich, während die Beschaffung in die zum Bereich Materialwirtschaft gehörende Auftragsplanung/Auftragssteuerung integriert wurde.

Strategische Aufgaben	Operative Aufgaben
Umsetzung der Unternehmens-politik und -strategien	Beschaffungsmarktforschung
	Auditierung
Entscheidung über Einkaufspoli-tik und -strategien	Angebotseinholung und -auswer-tung
Mitentscheidung bzw. Mitwirkung bei (der)	Lieferantenauswahl und -bewer-tung
- Entscheidung neuer Produkte	
- Investitionsentscheidungen von Logistik und Produktion	Informationsaustausch und Bera-tung anderer Unternehmensbe-reiche
- Realisierung von Gegenge-schäften	
- Realisierung von Just-in-Time Konzepten	Verhandlungen/Vertragsabschluß
- Verlagerung von Produktion ins Ausland	Verkauf von Schrott etc.
- Entwicklung von Entsor-gungskonzepten	Leistungsbericht
Mitentscheidung bzw. Veranlas-sung von	Einkaufsstatistik
- Änderungen bestehender Produkte	Lieferantenstatistik
- Wertanalysen	
- Make-or-Buy-Analysen	Zusammenarbeit mit Controlling
Planung eines Einkaufsmarke-ting-Mix	....
- Budgetierung	
- Ergebniskontrolle	
....	

Abbildung 10: Aufgabenstrukturblöcke des operativen und strategischen
           Einkaufs

Beispiel 4: *Schnittstellenregelung zwischen Einkaufsmarketing und Beschaffung*

In einem Automobilzulieferbetrieb ist der Einkauf, wie in Abbildung 11 dargestellt, gegliedert. Der Einkaufsleiter hat die Rangstufe eines Abteilungsleiters mit Handlungsvollmacht. Der gestaltende und der verwaltende Einkauf liegen jeweils in der Verantwortung eines Gruppenleiters. Der gestaltende Einkauf ist mit vier Facheinkäufern, der verwaltende Einkauf mit drei Sachbearbeitern besetzt.

Nach Vereinbarung von Rahmenabschlüssen und erfolgter Freigabe der Erstmuster durch die Qualitätssicherung übergibt der zuständige Einkäufer die Aktivitäten an seinen "Objektpartner" in der Beschaffergruppe.

Der Beschaffer ruft bei den jeweiligen Lieferanten auf Basis der Rahmenabschlüsse die mit EDV-Programmen ermittelten Bedarfe ab. Ihm obliegt die Terminverfolgung bis zum Lagerzugang der vom Qualitätswesen freigegebenen Teile und die Wiederbeschaffung der vom Qualitätswesen gesperrten Teile.

Der Beschaffer nimmt an den Produkt-Neuanlauf-Teamsitzungen teil.

Generell ist der Beschaffer intern für den Betrieb als Ansprechpartner ständig präsent. Beim Lieferanten tritt er dann auf, wenn z. B. Reklamationen in Routinefällen oder Stornierungen von Bestellungen anstehen. Die Aufforderung an den Beschaffer lautet somit:

- Kommuniziere mit den Einkäufern, die die langfristigen Rahmenabkommen im System führen, regelmäßig über die Bedarfsplanung.
- Bestelle die kostengünstigste, gesamtwirtschaftlich optimale Menge.
- Sichere die rechtzeitige Anlieferung.
- Reklamiere sofort bei Termin-, Mengen- und Qualitätsabweichungen und leite Gegenmaßnahmen ein.
- Optimiere den Servicegrad gegenüber dem Betrieb.
- Sorge für minimale Bestände/Kapitalbindung auch beim Lieferanten.
- Steuere die Anlieferung entsprechend dem innerbetrieblichen Materialfluß.

- Informiere den Einkauf sofort bei deutlich nachlassender Lieferleistung eines Lieferanten, nach Möglichkeit auch über die Gründe.
- Betreibe Bestandscontrolling.
- Betrachte dich in versorgungsrelevanten Fällen als Ansprechpartner für den Betrieb und die Lieferanten.
- Beachte bei allem die Regeln der ABC- und XYZ-Analyse; nutze die Erkenntnisse aus der Portfolio-Analyse.

■ Der Beschaffer ist somit allein verantwortlich für die optimale Termin- und Mengenerfüllung durch die Lieferanten, mit denen das Einkaufsmarketing Rahmenverträge abgeschlossen hat.

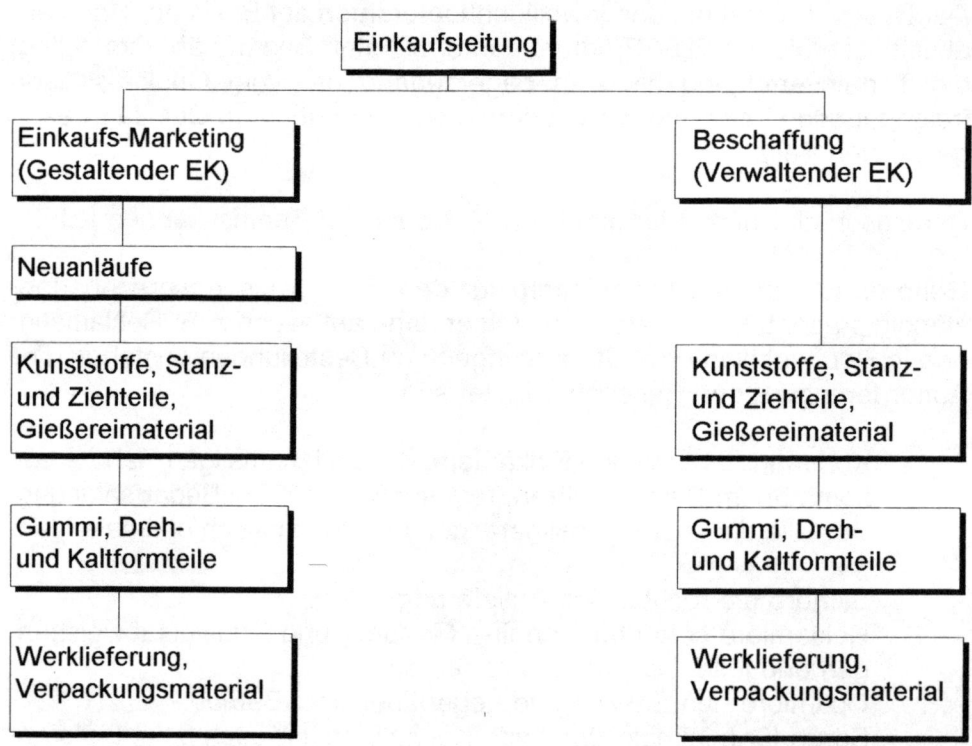

Abbildung 11: Objektorientierte Untergliederung von Einkauf und Beschaffung - ein Praxisbeispiel

Sofern keine Rahmenabkommen vorliegen, also mit Einzelbestellungen gearbeitet wird, sind abweichende Regelungen festzulegen, die im folgenden kurz skizziert werden.

7. **Welche Vorteile liegen in der strukturellen Trennung von Einkauf und Beschaffung? Welche Ausnahmeregelungen und Voraussetzungen sind zu beachten?**

Als Vorteile sind bei konsequenter Durchführung und bei Verwirklichung flankierender Maßnahmen - wie EDV-Unterstützung und Schulung - zu erwarten:

■ Die Konzentration des Einkaufs auf seine eigentlichen Aufgaben wird sich bei zielorientierter und systematischer Marktbearbeitung in einer Verbesserung des Einkaufsergebnisses niederschlagen. Nur so kann der Einkauf seiner Ergebnisverantwortung gerecht werden.

■ Der Einkäufer als "Mann im Markt"[1] ist in der Lage, dem eigenen Unternehmen einen Zusatznutzen in Form von Markt- und Lieferanteninformationen zu verschaffen.

■ Durch die Konzentration der Beschaffung auf mengen- und terminorientierte Aufgaben ist die Sicherstellung der Versorgung des Betriebes bei minimaler Kapitalbindung zu erwarten.

■ Aus der übereinstimmenden objektorientierten Untergliederung von Einkauf und Beschaffung ergeben sich Vertretungsvorteile (vgl. Abbildung 11).

■ Die Arbeitsteilung ermöglicht eine aufgabenorientierte Unterweisung sowie Weiterbildung der Mitarbeiter. "Übungseffekte" stellen sich ein.

■ Bei Hilfs- und Betriebsstoffen sowie Dienstleistungen ist auf eine Aufgabenteilung zwischen Einkauf und Beschaffung zu verzichten, da es sich hierbei entweder um geringwertige oder um nichtcodier-

---

[1]   Kern, Ferdinand: a.a.O., S. 66.

te Positionen handelt. Das gilt grundsätzlich auch für Investitions-
güter. Je nach Bestellwert sollte hier entweder die Beschaffung
(bei Kleinbestellungen) oder der Einkauf für den gesamten Beschaffungsvorgang zuständig sein.

Diese Regelung ist in analoger Weise in kleineren Unternehmen mit einer
geringen Zahl von Abrufen aus Rahmenabkommen oder bei Einzelbestellungen, wie sie bei Einzelfertigung auftreten, anzuwenden.

Wesentlich für die Sicherstellung des Erfolges bei Verwirklichung dieser
konsequenten Aufgabentrennung ist, daß

■   in der Unternehmenshierarchie Einkäufer und Beschaffer gleichge-
    stellt sind (vgl. Abbildung 11),

■   eine gute und sich ergänzende Zusammenarbeit möglichst durch
    die räumliche Nähe gewährleistet ist und

■   auch die Beschaffer über ausreichende Lieferanten- und Produkt-
    kenntnisse verfügen.

Die Tatsache, daß Lieferanten regelmäßig mit dem Einkauf und der
Beschaffung gleichzeitig zu tun haben, kann - wie auch im dritten Ab-
schnitt das zweite Praxisbeispiel verdeutlicht - im Interesse der gesamten
Verantwortungszuordnung bewußt in Kauf genommen werden, zumal die
Ansprechpartner beim Lieferanten in der Regel nicht dieselben Personen
sein werden. Zu Kompetenzgerangel kann es nicht kommen, da auch der
Lieferant zwischen Vertragshalter (Einkauf) und logistischem Abwickler
(Beschaffung) unterscheiden kann.

8.   Zentrale oder dezentrale Einkaufsstruktur?

Ob eine zentrale oder dezentrale Einkaufsstruktur sinnvoller ist, muß
jedes Unternehmen spezifisch für sich beantworten. Bei dieser Entscheidung spielen vor allem folgende Faktoren eine wesentliche Rolle:

-       die Unternehmensgröße und -struktur,
-       die Führungsphilosophie,

40

-       die Anzahl räumlich getrennter Werke,
-       die Entfernung der Werke zueinander,
-       die Zusammensetzung und Breite des Erzeugnisprogramms.

Im Einzelfall sind die kritischen Erfolgsfaktoren im Einkauf wie Einkaufsmacht, Mengenvorteile, Partnerschaft usw. zu beurteilen und anhand dieser die Auswirkungen von Zentralisierungs- oder Dezentralisierungsmaßnahmen zu überprüfen.

Bei der Zusammenfassung von Einkaufsaufgaben ergeben sich grundsätzlich zwei organisatorische Möglichkeiten:

(1)   Die räumliche Zentralisierung, die vorwiegend in der Praxis vertreten ist, und
(2)   die logische Zentralisierung, die durch die Nutzung von standardisierten und leistungsfähigen Einkaufsabwicklungs- und Informationssystemen erst ermöglicht wurde[1].

Bei einer logischen Zentralisierung findet insofern eine Zusammenfassung von Einkaufsaufgaben statt, daß eine dezentrale Einkaufsabteilung z. B. für eine bestimmte Produktgruppe die Rolle einer Zentralfunktion übernimmt. Eine andere dezentrale Einkaufsabteilung ist für eine andere Produktgruppe verantwortlich. Um bei dieser räumlichen Verteilung der Zentralfunktionen einheitliche Einkaufsgrundsätze und Befugnisse gewährleisten zu können, werden - wie im nachfolgenden Praxisbeispiel im einzelnen dargestellt - On-Line-Dialogsysteme, die die zentral festgelegten Strukturen und Arbeitsabläufe verwalten, benötigt.

Beispiel 5:   Logische Zentralisierung des Material- und Leistungseinkaufs in einem mittelständischen Spezialbauunternehmen

In einem mittelständischen Spezialbauunternehmen, dessen Aktivitäten sich auf Isolierung (Wärme- und Schalldämmung) sowie Klimatechnik konzentrieren, werden die vier bestehenden Hauptniederlassungen im Bundesgebiet als Business-Center mit voller Ergebnisverantwortung geführt.

---

[1]   Siehe Fischer, E.: Beschaffungsorganisation im Europa der 90er Jahre. Die Wettbewerbsfähigkeit wird vom Einkauf bestimmt, in: Beschaffung aktuell, Nr.8, Leinfelden 1989, S. 21.

Einkaufsschwerpunkte sind Isoliermaterialien, Bleche aller Art, Gebläse mit Antrieb und elektronischer Steuerung sowie in zunehmendem Maße Leistungen durch Subunternehmer für die Durchführung von Arbeiten, für die eigene Spezialisten nicht kostendeckend einzusetzen sind.

Seit Anfang 1995 wird der Einkauf von Material und Leistungen mit Unterstützung des EDV-Systems (SAP R/2) durch

■　　　logische Zentralisierung,

das heißt Verknüpfung der Einkaufsstellen der Hauptniederlassungen zum Erkennen vorhandener Materialien, anerkannter Lieferanten und bestehender Verträge, durchgeführt. Die Wahl des Lieferanten ist den Niederlassungen freigestellt, unterliegt jedoch der Projektüberwachung durch das Controlling.

(1) Organisation des Einkaufs

Die Einkaufsfunktion in den Niederlassungen untersteht dem Leiter der Niederlassung. In enger Zusammenarbeit mit den Projektleitern des Vertriebs sind Einkaufspreise für die Angebotsabgabe bereitzustellen (siehe Abbildung 12).

Nach Auftragserteilung sind die für das Bauvorhaben geplanten Materialien und Leistungen von Subunternehmern einzukaufen.

Mit Unterstützung durch das zentrale Materialwirtschaftssystem bestehen die Möglichkeiten

■　　　Lagerbestände der eigenen oder anderer Niederlassungen je nach Bestandslage und interner Abstimmung wirtschaftlich einzusetzen,

■　　　bestehende überregionale Verträge zu nutzen, um eine Bereitstellung im eigenen Lager vorzunehmen oder das Material Just-in-Time zur Baustelle liefern zu lassen,

■　　　bei kleineren Materialmengen örtliche Lieferanten zur direkten Versorgung der Baustelle einzusetzen.

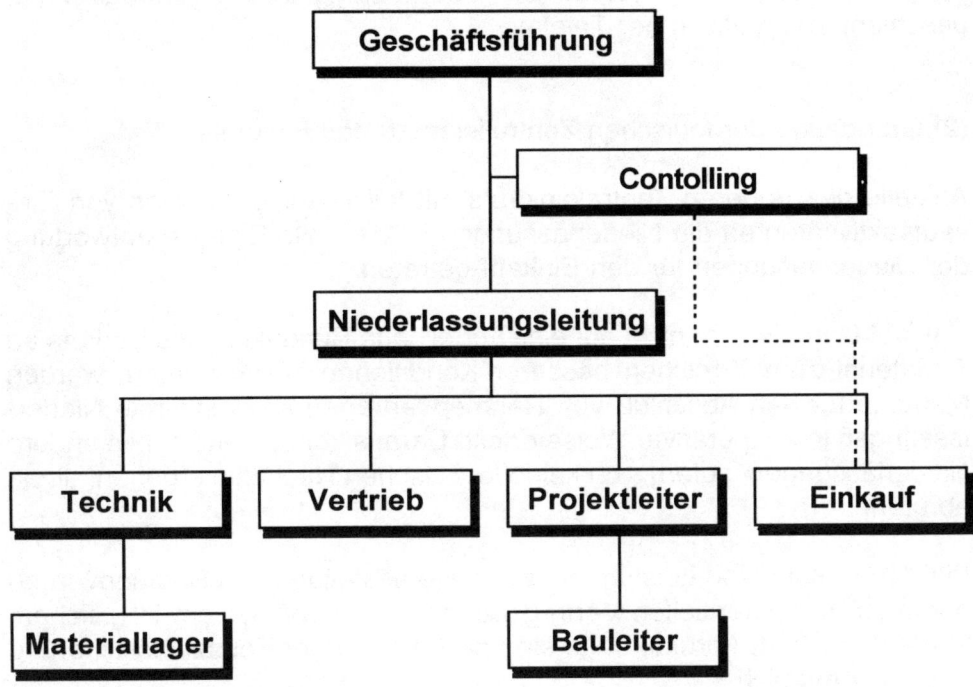

Abbildung 12: Organisatorischer Aufbau einer Niederlassung im Rahmen der logischen Zentralisierung des Einkaufs

Logistische Gegebenheiten und Kosten bestimmen in jedem Fall den Lieferweg.

Für den Einkauf von Leistungen ist die Anerkennung des anbietenden Unternehmers durch die eigene oder eine andere Niederlassung, durch Zertifizierung und eigene Auditierung, Voraussetzung. Darüber hinaus ist die Qualifikation der einzusetzenden Monteure in Verbindung mit dem Stundenverrechnungssatz für die Vergabe entscheidend.

Der Aufbau von Anfragen und Bestellungen erfolgt in den Niederlassungen im On-Line-Dialogsystem. Die Übermittlung an die Auftragnehmer geschieht automatisch per Telefax.

(2) Grundzüge der logischen Zentralisierung des Einkaufs

Anstelle des früheren Zentraleinkaufs mit teilweiser Delegation von Einkaufsaktivitäten an die Niederlassungen ist die volle Eigenverantwortung der Niederlassungen für den Einkauf getreten.

Um im Materialsektor nicht auf eine vorteilhafte Bündelung des Bedarfs an A-Material zum Erreichen besserer Konditionen zu verzichten, werden Mandate für den Abschluß von Rahmenverträgen an bestimmte Niederlassungen in kooperativer Weise erteilt. Daraus können und sollen andere Niederlassungen, sofern sich keine logistischen Nachteile ergeben, direkt abrufen.

Für den Einkauf von Leistungen ist die Bereitstellung von Rahmenvereinbarungen mit potentiellen Vertragspartnern im EDV-System in gleichem Maße vorteilhaft. Abrufaufträge sind nach vorheriger Kapazitätssicherung auch hier möglich.

Anstelle des früheren Zentraleinkaufs hat das Unternehmenscontrolling in enger Zusammenarbeit mit den Niederlassungsleitern und deren Einkaufsabteilungen die Unternehmensstrategie in eine Einkaufsstrategie und -politik umzusetzen.
Gleichermaßen sind Einkaufsgrundsätze und Richtlinien in knapper Form erforderlich (siehe Abbildung 13).

(3) Vorteile und Risiken der logischen Zentralisierung

Die Dezentralisierung der Einkaufsfunktion in die ergebnisverantwortlichen Niederlassungen gewährleistet eine teamorientierte und situationsgerechte Arbeitsweise des Einkaufs mit der Projekt- und Baustellenleitung vor Ort im Hinblick auf Qualität und Kosten.

Durch Informationszugriff auf Rahmenverträge können Preis- und Konditionsvorteile, die durch Bedarfsbündelung möglich sind, von allen Einkaufsabteilungen im Unternehmen genutzt werden, ohne daß die Eigen-

44

verantwortung Einschränkungen erfährt. Da keinerlei Begrenzungen im Dialogverkehr bestehen, sind auch Einzellieferanten mit Lieferumfang und Konditionen erkennbar.

Durch Einsicht in die internen Bewertungskriterien im System kann sich jeder Einkäufer das Leistungsprofil des Auftragnehmers betrachten und seine Schlußfolgerungen ziehen.

Die Risiken der logischen Zentralisierung liegen u.U. in Schwächen der kooperativen Zusammenarbeit bei Mandaten für Rahmenverträge. Der Egoismus einzelner Niederlassungen könnte für das System eine Gefahr bedeuten, wenn Rahmenverträge bewußt unterlaufen werden.

Unerläßlich ist eine starke strategische Führung und Überwachung durch ein zielorientiertes Controlling. Die sorgfältige Budgetierung der Kunden-projekte ist die Grundlage hierfür.

Der Gedanke der logischen Zentralisierung wird - wie das Beispiel er-kennen läßt - auch beim Mandatsystem bzw. in der Struktur des Lead Buying[1] angewendet. Diese einkaufspolitische Regelung besagt, daß eine der dezentralen Einkaufsfunktionen - Sparte oder Tochtergesellschaft - die Führung bei einem zentralen Entscheidungsprozeß, wie beispielsweise bei Aufgaben der Beschaffungsmarktforschung oder dem Abschluß von internationalen Verträgen übernimmt. Das Mandat läuft bis zum Ende der getroffenen Vereinbarung oder bis zum Widerruf durch den Zentraleinkauf.

Es ist nicht zu verkennen, daß Autonomie in Organisationseinheiten eine wesentliche Voraussetzung ist, um kreative Freiräume zu nutzen und um flexibel und schnell zu reagieren. Doch sollte bei einer gemischt zentral/-dezentralen Einkaufsorganisation der Zentraleinkauf nach wie vor um-fassend in die unternehmerischen Entscheidungen eingebunden bleiben, während die Bedarfsträger "vor Ort" Bestellungen und Abrufe tätigen dürfen.

---

[1]   Vgl. vom Verfasser: Materialwirtschaft, a.a.O., S. 100.

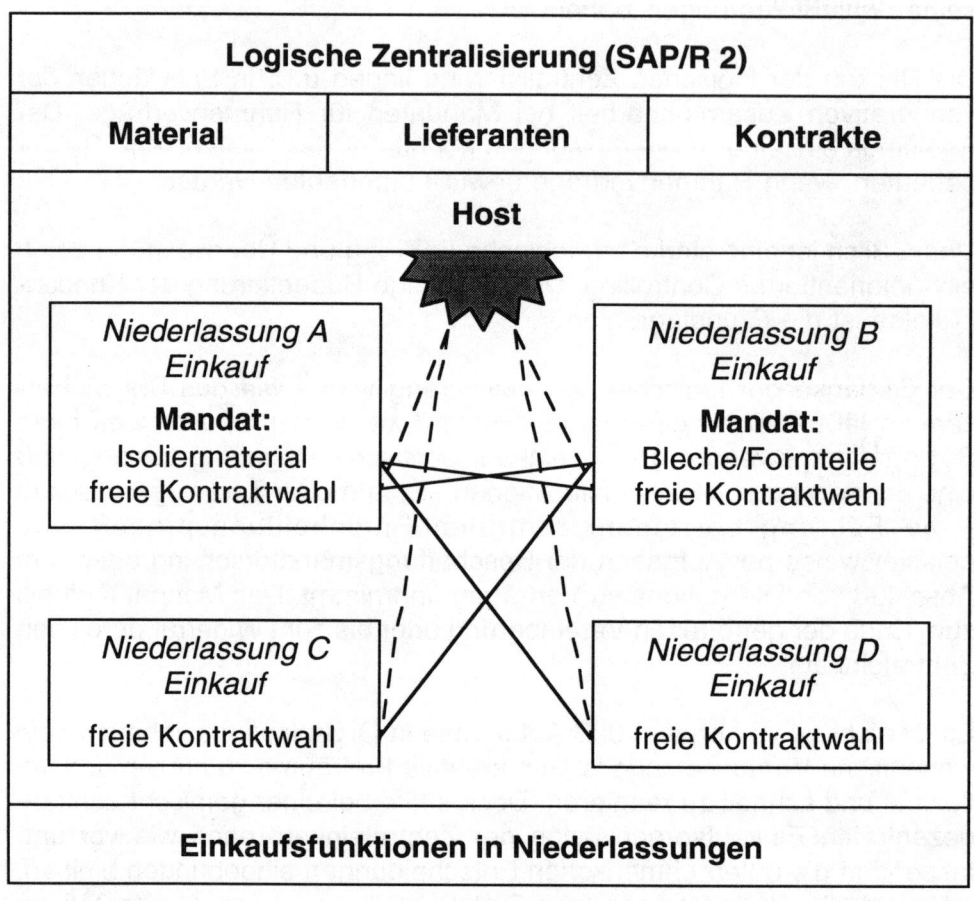

Abbildung 13: Systemanbindung und Verknüpfung der Einkaufsmandate
im Rahmen der logischen Zentralisierung

■ Durch die Limitierung der Einkaufsvolumina (z. B. bei Kostenstellenmaterial) und/oder durch Richtlinienmodelle (z. B. im Rahmen einer Matrixorganisation) kann gewährleistet werden, daß der Zusammenhalt zwischen Zentraleinkauf und bedarfsnaher Beschaffung nicht gefährdet und die Gesamteffizienz vom Unternehmen gesteigert wird.

Allerdings ist bei dieser - und der nachfolgend erwähnten "Center-Lösung" - nicht auszuschließen, daß Lieferanten zwei Ansprechpartner haben, wenn der Zentraleinkauf die Rahmenvereinbarungen getroffen hat, der Bedarfsträger aber die Abrufe tätigt. Klare Aufgabenstellungen lassen das vertretbar erscheinen.

Bei einer Dezentralisierung der Beschaffungsfunktion auf kleine und überschaubare Einheiten, auf Fertigungssegmente - wie im zweiten Praxisbeispiel im dritten Abschnitt ausführlich dargestellt - oder auf sog. "Center" (Cost- oder Profit-Center), ist grundsätzlich zu beachten, daß

■ sich diese strukturierende Maßnahme nur solange anbietet, wie Material- und Lieferanten-Überschneidungen zwischen den Fertigungssegmenten marginal sind, da sonst auf erhebliche Synergieeffekte und auf eine Bündelung der Nachfragemacht verzichtet werden muß. Ein Unternehmen gibt wichtige Vorteile auf, wenn es seine "Purchasing Power" nicht als Mittel auf der Suche nach erforderlicher Kostenoptimierung nutzt.

Darüber hinaus ist bei der "small is beautiful"-Philosophie des Center-Gedankens zu beachten, daß

■ der Zusammenhalt der dezentralen Einkaufsgruppen nicht gefährdet wird, sondern Einkaufspolitik und -strategie als koordinierende Aufgaben weiterhin zentral wahrgenommen werden.

Die Lösung der Zentralbereichsproblematik kann nicht in einem undifferenzierten Abbau von Zentralfunktionen bestehen. Vielmehr ist eine situationsgerechte Optimierung anzustreben, in der die jeweils zielwirksamste Mischung zwischen Konzentration von Einkaufsfunktionen in Zentralbereichen und Dekonzentration in dezentralen Einheiten zu finden ist. Eine zu weit getriebene, auf dem Hintergrund der Lean Management-Philosophie betriebene Auflösung zentraler Einkaufsfunktionen kann sich zukünftig ebenso als nachteilig erweisen, wie möglicherweise ihre unkontrollierte Aufblähung in der Vergangenheit. Es kann leicht das Gegenteil von Fettleibigkeit entstehen, nämlich "Magersucht ".

9. Leitbilder und Strategien entwickeln und kommunizieren

Es bestehen, wie die Beispiele in diesem Abschnitt und die Fallstudien im dritten Abschnitt verdeutlichen, in der Praxis beachtliche Freiräume bei der Organisationsgestaltung des Einkaufs, wobei die in Abbildung 12 zusammengestellten rationalen und irrationalen Faktoren die organisatorische Struktur und den Ablauf organisatorischer Veränderungen entscheidend beeinflussen (können).

Strukturierende Bedingungen	Negative Einflußfaktoren
• Unternehmensgröße	• Uninteressierte Manager
• Unternehmensstruktur	• Zementierte Positionen
• Führungsphilosophie	• Frustrierte Mitarbeiter
• Gesellschaftsform	• Motivationsdefizite
• Branche	• Widerstand der Mitarbeiter
• Marktstellung	• Beteiligungsdefizit an internen/externen Spezialisten
• Fertigungsstruktur	• Anachronismen
• Automatisierungsgrad der Produktion	• Unklare Zielsetzungen
• Materialintensität	• Fehlende Ressourcen
• EDV-Nutzung	
• ...	• ...

Abbildung 14: Bestimmungsfaktoren eines organisatorischen Ist-Zustandes

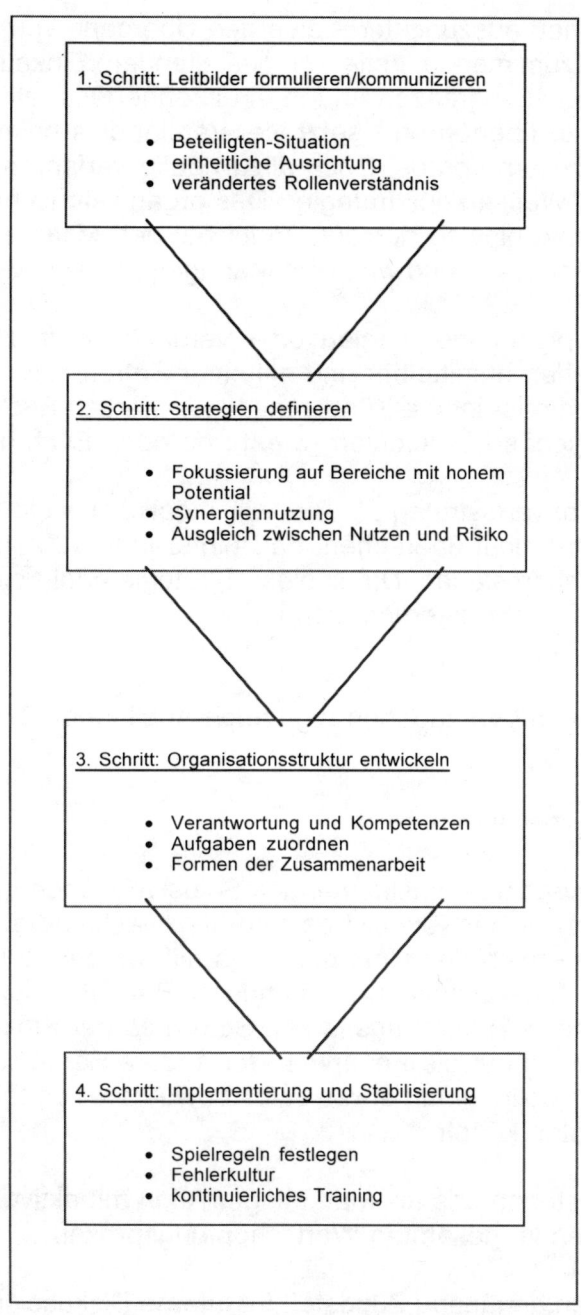

1. Schritt: Leitbilder formulieren/kommunizieren

- Beteiligten-Situation
- einheitliche Ausrichtung
- verändertes Rollenverständnis

2. Schritt: Strategien definieren

- Fokussierung auf Bereiche mit hohem Potential
- Synergiennutzung
- Ausgleich zwischen Nutzen und Risiko

3. Schritt: Organisationsstruktur entwickeln

- Verantwortung und Kompetenzen
- Aufgaben zuordnen
- Formen der Zusammenarbeit

4. Schritt: Implementierung und Stabilisierung

- Spielregeln festlegen
- Fehlerkultur
- kontinuierliches Training

Abbildung 15: Ablaufschritte eines Organisationsprozesses

Einen Bereich neu auszurichten - also den Übergang vom abwickelnden (verwaltenden) zum marktorientierten (gestaltenden) Einkauf zu aktivieren, zur Beschaffung abzugrenzen und in ein integriertes materialwirtschaftliches Konzept zu überführen - setzt viel Verständnis beim Management und den Mitarbeitern voraus. Doch allzu häufig verfahren Unternehmen noch nach der "Wasserkopfstrategie": Das organisatorische Soll-Konzept ist über die Köpfe hinweg geplant, findet bei den Mitarbeitern nicht das notwendige Verständnis und wird vom Management nicht voll mitgetragen.

Die "Wasserkopfstrategie" negiert oder vernachlässigt die emotionalen Wirkungen bei den unmittelbar und mittelbar Betroffenen. Druck erzeugt Gegendruck und/oder innere Kündigung. ("Wir werden Euch schon beweisen, daß das nicht so funktioniert, wie Ihr da oben Euch das vorstellt!")

Anders die "Vorwärtsstrategie": Sie will möglichst viele Beteiligte mitnehmen. Es wird nicht übersehen, daß hinter jedem Kästchen im Organigramm Menschen stehen. Damit diese Strategie erfolgreich ist, setzt sie ein starkes Projektmanagement voraus.

Wie ist also konkret vorzugehen (vgl. auch Abbildung 13)?

1. Schritt: Leitbilder formulieren

Um ein weitgehend übereinstimmendes Selbstverständnis der Mitarbeiter im Einkauf zu erreichen, erweist es sich als zweckmäßig, ein Leitbild zu formulieren. Innerhalb des Unternehmens hilft es dem Einkauf, "zu sich selbst zu finden"; gleichzeitig hilft es anderen Bereichen zu erkennen, wie sich der Einkauf in Zukunft ausrichtet. Sofern es der Einkauf z. B. überdrüssig ist, ständig nur die Feuerwehr für andere Bereiche im Unternehmen zu spielen, sollte er ein etwas selbstbewußteres Leitbild formulieren, das in etwa lauten könnte:

■   Wir verstehen uns als Marketingfunktion mit aktiven Gestaltungsaufgaben im gesamten Wertschöpfungsprozeß.

Ein Leitbild kann genügend Zündstoff für interne Diskussionen geben und insgesamt dazu führen, die Notwendigkeit einer strategischen Neuorientierung zu erkennen, in die auch die Beschaffung einzubeziehen ist.

50

2. Schritt: Strategien definieren

Es ist - möglichst auf der Grundlage einer gemeinsam durchgeführten Portfolio-Analyse - festzulegen, welche genau definierten strategischen Ziele in Übereinstimmung mit den kommunizierbaren Leitbildern erreicht werden sollen. Beispiele für strategische Ziele des marktorientierten Einkaufs sind etwa

-        die Erschließung neuer Beschaffungsmärkte
-        die Entwicklung leistungsfähiger Lieferanten
-        die prozeßorientierte Einbindung von Schlüssellieferanten (Problemlösern) durch unternehmensübergreifende Zusammenarbeit

3. Schritt: Entwurf der neuen Organisationsstruktur

Dabei ist vor allem zu beachten, daß

■   die geplante organisatorische Veränderung nicht kontraproduktiv zur angestrebten Strategie wirken darf, das heißt, es ist nach dem Grundsatz "Structure follows Strategy" zu verfahren.

In der Regel erweist sich eine Vorgehensweise in folgenden Teilschritten als sinnvoll:

-        In einem ersten Teilschritt sind Verantwortung und Kompetenz des Einkaufs eindeutig zu definieren, wobei Leitbild und Strategieformulierung die Grundlage bilden.

Konzept: Der Einkauf trägt Preis-, Qualitäts- und Kapazitätsverantwortung, das heißt, er ist verantwortlich für die Auswahl leistungsfähiger Lieferanten.

-        In einem zweiten Teilschritt sind die Aufgaben zu definieren, die der Einkauf in erster Linie wahrzunehmen hat, um seiner Verantwortung gerecht zu werden (Kongruenzprinzip).

Konzept: Der Einkauf hat in erster Linie alle operativen und strategischen Aufgaben bis zur Auftragsvergabe an die Lieferanten (vgl. weiter vorne Abbildung 10) wahrzunehmen, um seiner Verantwortung gerecht zu werden.

- In einem dritten Teilschritt ist die Mitwirkung des Einkaufs im Rahmen von Projektgruppen und anderen teamorientierten Organisationsformen festzulegen (siehe nachfolgend unter Ziffer 10).

4. Schritt: Implementierung und Stabilisierung des Soll-Konzepts

Durch festes Einhalten der neuen "Spielregeln" - der Arbeitsteilung zwischen Einkauf und Beschaffung - hat nunmehr eine Konsolidierung und Verfestigung der neuen Organisationsform und der neuen Verhaltensmuster zu erfolgen. Diese Verfestigung sollte nicht als ein passives Anpassen an veränderte Strukturen verstanden werden, sondern als eine aktiv zu gestaltende Aufgabe von Führungskräften.

■ Die Einführung der neuen Organisationsstruktur wird langfristig nur dann erfolgreich sein, wenn alle Beteiligten von einer unvermeidlichen Eingewöhnungszeit in neue Rollenverständnisse ausgehen und Konflikte, die trotz des herbeigeführten Gemeinsamkeitsgefühls im "Tagesgeschehen" auftreten, akzeptieren sowie Veränderungsfehler nicht dazu benutzen, um "alte Rechnungen zu begleichen".

■ Jede organisatorische Entwicklung braucht ihre Zeit und muß von einer Personalentwicklung begleitet sein! Die formulierten organisatorischen Veränderungen müssen in individuelle Lernprozesse umgesetzt werden.

10.   Mitarbeit des Einkaufs in ressortübergreifenden Teams

Ein Leitbild - wie unter Ziffer 9 in diesem Abschnitt kurz skizziert - bildet den Rahmen und Bezugspunkt für Kreativität, die durch zuviel Hierarchie, Arbeitsteilung und Kontrolle verhindert werden kann.

Unternehmerische Entscheidungen werden daher immer häufiger im Team vorbereitet bzw. getroffen. Forschungs- und Entwicklungsteams, Konstruktionsteams und Beschaffungsteams entwickeln weit höhere Problemlösungskapazität als einzelne Mitarbeiter. Sofern der Einkauf qualifiziert in diese Teams eingebunden ist, kann er nahezu unbegrenzt konstruktiv wirken. Denn unzweifelhaft hat er - sofern die organisatorischen und personellen Voraussetzungen gegeben sind - die notwendigen Material-, Lieferanten- und Beschaffungsmarktkenntnisse.

■ Die Einkäufer müssen sich vom Denken und Handeln in traditionellen Organisationskästchen verabschieden und verstärkt in übergreifenden Projektteams arbeiten.

■ Einkaufsabteilungen werden zu Leistungscentren, deren Kunden die anderen Bereiche des Unternehmens sind.

Die nicht neue Propagierung von Teamarbeit im Unternehmen steht allerdings oft auf einem anderen Blatt als deren tatsächliche zieladäquate organisatorische Umsetzung. Abwegig erscheint es, Teamarbeit im Sinne der "Wasserkopfstrategie" zu verordnen in der Annahme, sie würde sich gleichsam automatisch einstellen und ihre positiven Wirkungen problemlos entfalten. Die wirkungsvolle Zusammenarbeit in ressortübergreifenden Teams kann durch vielgestaltige Barrieren erschwert, behindert oder sogar untergraben werden (Abbildung 16).[1]

11. Wie sieht das Anforderungsprofil des marktorientierten Einkaufsmanagement aus?

Der Einkauf ist - wie unter Ziffer 1 in diesem Abschnitt ausführlich erläutert - eine produktive Funktion im Unternehmen, die wesentlich zur Wettbewerbsfähigkeit beiträgt.
Der Aufbau und die langfristige Optimierung eines Supply Management unter Einsatz DV-gestützter Systeme erfordert motivierte und leistungsbereite "Einkaufsprofi" mit ausgeprägter Eigeninitiative, Kreativität, Teamfähigkeit und Zielstrebigkeit (vgl. Abbildung 17).

Der Einkaufsmanager muß kompetenter Gesprächspartner der Geschäftsführung, vor allem aber - und das gilt für alle Entscheidungsträger im Einkauf - der internen Bedarfsträger sowie der Lieferanten sein. Im einzelnen werden erwartet:

---

[1] In Anlehnung an Groth, Uwe / Kammel, Andreas, Simultaneous Engineering auf der Basis ressortübergreifender Projektteams, in: Zeitschrift Führung + Organisation, Nr. 3, Baden-Baden 1994, S. 180.

Häufige Fallstricke und Störfaktoren "echter" Teamarbeit:

- fehlende/unklare Zielvereinbarung
- fehlende Neutralisierung von Dienststellung und Dienstalter der Teammitglieder
- fehlende Ernennung eines "Primus inter Pares"
- ungenügend entwickelter Teamgeist, mangelndes Vertrauen untereinander und nicht vorhandene "Team-Identity"
- Managementfehler (Der dominierende Teamleiter läßt keine echte Partizipation zu, behandelt die Teammitglieder ungleich, bevorzugt permanent bestimmte Ressorts.)
- zu wenig ressortübergreifendes, interdiziplinäres und strategisches ("Generalmanagement"-) Denken und Wissen der Beteiligten
- mißverständliche Zielvorgaben und unklare Zuständigkeiten
- fehlende Offenheit, nicht gelernte Kommunikation und Zurückhalten von Informationen
- Intragruppenkonflikte, Interessengruppenkonflikte, Konflikte zwischen Team und Teamleiter sowie Kompetenzstreitigkeiten (Projekt/Linie) durch Aufgabenumverteilung, fehlende Konfliktbearbeitungsbereitschaft/-fähigkeit
- mangelhafte Bereitschaft, auch konstruktive abweichende Meinungen und Einwände überhaupt zu hören
- unzureichende Sondierung der sich stellenden Kernprobleme durch das Team und zu wenig systematisch methodisches Vorgehen bei der Generierung alternativer Problemlösungen (zeitdruckreduzierende und leistungsbetonende "Action" statt Ausarbeitung der "besten" Lösung)
- fehlende organisatorische Voraussetzungen (ungenügende Ressourcen, unzureichende Kompetenz und Aufgabendelegation etc.)
- weitverbreitete Bereichsegoismen und weitverbreiteter Unwille der Führungskräfte, ihr Know-How und ihre Fähigkeiten wirkungsvoll und kreativitätsfördernd in eine Arbeitsgruppe einzubringen (ohne sich dabei profilieren zu können)
- Verzögerung oder Verschleppung von Entscheidungen
- ungenügende Kenntnisnahme, Berücksichtigung und Akzeptanz eines geforderten Kompromisses in den einzelnen Abteilungen, weil er lediglich den kleinsten gemeinsamen Nenner darstellt
- mangelnde Selbstkritik im Team und deshalb ungenügende Aufdeckung von verbesserungsnotwendigen Schwächen in der gemeinsamen Arbeit
- Probleme durch Unterbrechung und Vernachlässigung der "normalen" angestammten Arbeit durch (vorübergehende) Mitarbeit im Projektteam
- Schwierigkeiten bei der Rückkehr der Teammitglieder nach längerer, auch räumlich konzentrierter Projektarbeit
- fehlende Protokollierung der Sitzungsergebnisse

Abbildung 16: Störfaktoren echter Teamarbeit - eine Checkliste

Allgemeine Anforderungen:

-    Volkswirtschaftliche Kenntnisse zur Beurteilung der kurz-, mittel-
     und langfristigen Marktentwicklungen
-    Kompetenz und betriebswirtschaftliche Kenntnisse zur Beurteilung
     der Auswirkungen von Entscheidungen im Hinblick auf Qualität,
     Kosten, Kapitalbindung und Lieferbereitschaft
-    wertanalytische Denkweise

Führungsqualitäten:

-    Strategien ergebnisorientiert realisieren
-    Verantwortung angemessen delegieren
-    Teamfähigkeit auf allen Ebenen beweisen
-    Mitarbeiter fördern und motivieren
-    Mitarbeiter einarbeiten, aus- und weiterbilden
-    Ergebnisse mit einem Minimum an Kontrolle sicherstellen

Fachwissen:

-    Profunde Branchenkenntnisse
-    vertiefte Kenntnisse über produktionstechnische Abläufe im eige-
     nen Unternehmen und bei den "Schlüssellieferanten"
-    Fähigkeit, die rechtlichen Konsequenzen der Aktivitäten im Ver-
     antwortungsbereich abzuschätzen
-    Abschluß und Abwicklung von Individualverträgen
-    Möglichkeiten der EDV kennen und nutzen
-    Sprachkenntnisse (Englisch, evtl. eine zweite Fremdsprache)

Die Aufgaben des Einkaufsleiters konzentrieren sich zunehmend auf die
Initiierung und Koordination von Projekten, das Controlling der Zielerrei-
chung und die erforderliche Personalentwicklung (siehe im einzelnen unter
Abschnitt vier).

Der moderne, vorausschauend agierende Einkauf ist eine produktive Funktion, die wesentlich zur Wettbewerbsfähigkeit eines Unternehmens beiträgt.

Um seine Aufgaben erfolgsversprechend durchführen zu können, braucht der Einkäufer:

- menschliche Qualitäten
- Teamfähigkeit nach innen und nach außen
- professionelles Verantwortungsbewußtsein
- fundiertes Wissen
- die Fähigkeit, kritisch und analytisch zu denken
- die Fähigkeit, ergebnisorientiert zu führen und zu koordinieren
- eine skeptische Einstellung sowie das Vermögen zur kritischen Prüfung
- ein ausgeprägtes Selbstbewußtsein als Grundlage sicherer Verhandlungsführung mit seinen Partnern

Abbildung 17: Anforderungsprofil eines Fachverkäufers

12.   Die Rolle des Einkaufs in den neunziger Jahren

Die Tätigkeiten des gestaltenden, strategisch orientierten Einkaufs müssen auf der Philosophie des Marketing beruhen. Nur dann kann der Einkauf als Drehscheibe für Innovation und Know-How wirken. Eine enge Partnerschaft, in der es keinen "Sieger" gibt, ist zwischen Abnehmer und Lieferant gefordert. Die alte Methode des "Anfragens" - "Austricksens" - "Bestellens" sollte der Vergangenheit angehören.

In der Anzahl der eingekauften Teile und der erstellten Bestellungen kommt mit Sicherheit die administrative Belastung der Einkäufer zum Ausdruck. Aber damit kann der mit Recht erwartete Beitrag zum Unternehmenserfolg nicht gemessen werden.

Heute und in Zukunft ist jedes Unternehmen auf die Senkung der Materialkosten, die ständige Verbesserung der Qualität und auf eine flexible Materialversorgung durch leistungsfähige Lieferanten angewiesen. Der Einkauf gewinnt damit deutlich an Gewicht.

Verwaltende Aufgaben müssen in den Hintergrund treten. Der Einkäufer gehört an die "Front", um die Stärken und Schwächen der Lieferanten vor Ort zu analysieren. Neue Beschaffungsquellen für umweltverträgliche Werkstoffe sind in den 90er Jahren mehr als bisher auch international zu erschließen. Kreativität, wertanalytisches Denken sowie die Entwicklung und Durchsetzung marktorientierter Strategien werden von den im Einkauf tätigen Markt- und Produktspezialisten mehr denn je gefordert sein und zu einer Untergliederung des Einkaufs nach Märkten - z. B. Einkauf EU, Einkauf Osteuropa usw. - führen.

Die skizzierten Aufgaben sind nicht durch einen überdimensionierten Einkauf zu realisieren, sondern verlangen zunehmend die Mitarbeit in Projekten und in Teams, in denen alle erfolgsorientierten Entscheidungsträger zusammen wirken.

Tayloristische und bürokratische Strukturen verhindern den notwendigen Informationsaustausch innerhalb der Unternehmen und führen zur großen Inflexibilität. Verbindungsstellen statt Schnittstellen sind zu schaffen, Mitteilen statt Abteilen ist zu fordern. Teamstrukturen schaffen die Voraussetzung für das Entdecken von "Blindleistungen", das heißt von Leistungen, die von keinem externen oder internen Kunden gebraucht oder honoriert werden.

2. Abschnitt

Effizienzverbesserung durch EDV-Unterstützung im Einkauf

Hans Spohrer

1. EDV-gestützte Einkaufsorganisation- mehr Kreativität und Flexibilität?

Die effiziente Einkaufsorganisation wird nicht allein mit EDV-Systemen geschaffen, sondern ist primär abhängig von der Bedeutung des Einkaufs für das Unternehmen im wirtschaftlichen Sinne und vom Rollenverständnis der Geschäftsleitung.

Vorbedingungen für ein wirksames EDV- und Kommunikationsinstrumentarium im Einkauf sind, daß

■ dem zu verarbeitenden und zu speichernden Datenvolumen angemessene Hardwarekapazitäten, also Rechen-, Speicher-, Kommunikationsgeräte, Bildschirme und Drucker, zur Verfügung stehen,

■ Anwendungssysteme (Programme) des Einkaufs mit dem Materialwirtschaftssystem und den Systemen des Rechnungswesens so verknüpft (integriert) sind, daß Einkaufsdaten dort automatisch ankommen.

Die Hardwarevoraussetzungen lassen sich sowohl im mittelständischen Unternehmen durch vernetzte PC´s als auch im dezentralisierten Konzern durch Großrechner in angemessener Größenordnung schaffen.

Bei den Anwendungssystemen wird vom Einkauf praxisbewährte Standardsoftware (Kaufsoftware) bevorzugt, die der Eigenentwicklung vom Aufwand her in jeder Beziehung überlegen ist. Als Faustregel gilt, daß sich die Einführungskosten und der Zeitbedarf mindestens halbieren.

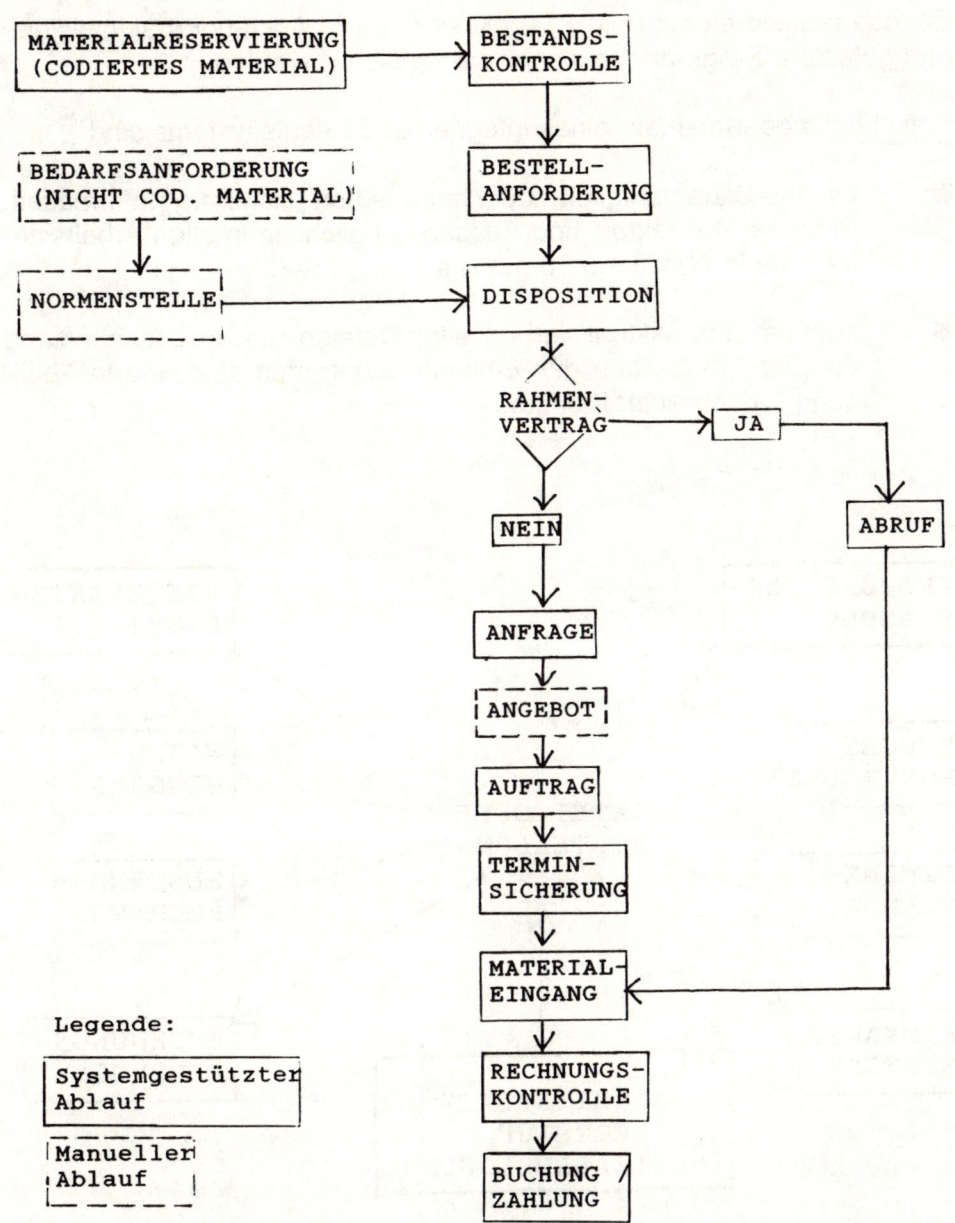

Abbildung 18: Bestellablauf im Dialogsystem

Ebenso reduzieren sich die Pflegekosten, da in Abständen aktualisierte und getestete Programmversionen nachgeliefert werden.

Entscheidende Merkmale eines integrierten Einkaufssystems sind

■ On-line-Dialogfähigkeit, das heißt sofort sichtbare Information, Eingabe-, Korrektur- und Ausgabemöglichkeit in allen Arbeitsstufen, wie in Abbildung 18 gezeigt,

■ automatische Aktualisierung aller Dateien, deren Datenbestand von der Transaktion des Einkäufers betroffen sind, wie in Abbildung 19 beispielhaft erläutert.

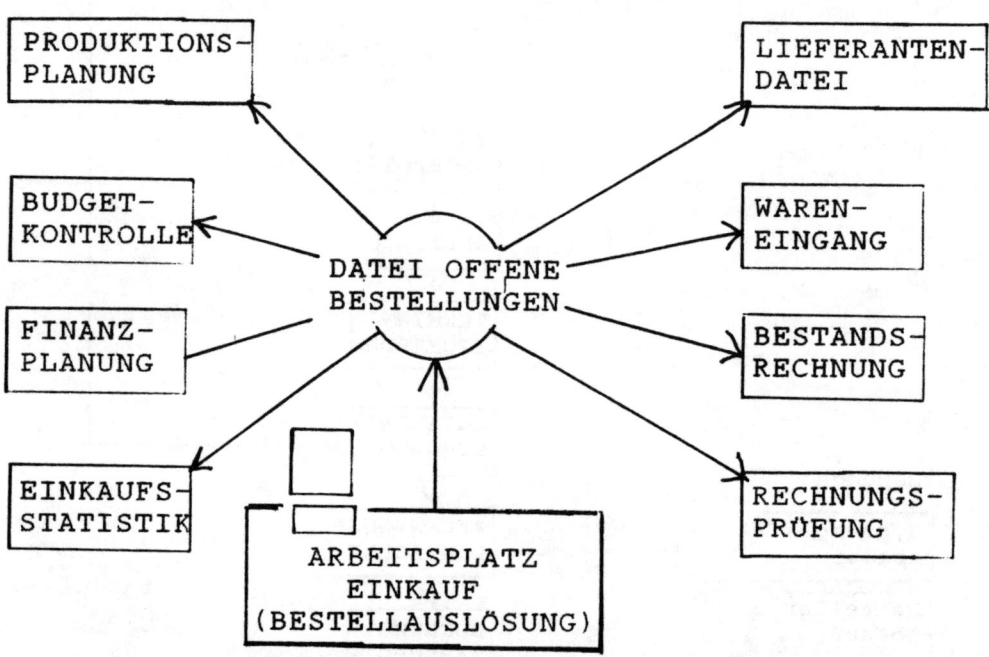

Abbildung 19: Systemintegration am Beispiel der Bestellauslösung durch den Einkauf und gleichzeitigem Updating der davon beeinflußten Dateien.

Dazu bedarf es entsprechend ausgebildeter Führungskräfte, erfahrener Einkaufsmitarbeiter mit praktischen Kenntnissen über die Möglichkeiten und Grenzen der Softwareanwendung - nicht der rechnerinternen Vorgänge - und einer sicheren Hand bei der Einarbeitung der Einkäufer und Einkäuferinnen durch "Learning by Doing".

Die Entlastung des Einkaufs von Routinearbeiten durch die EDV sollte die Mitarbeiter zur kreativen Mitgestaltung und zur Übernahme zusätzlicher Verantwortung bewegen. Dieser Entwicklung kommen stärkeres Selbstbewußtsein, ausgeprägter Informationsbedarf und der Wunsch nach Eigenverantwortung aufgeschlossener Mitarbeiter entgegen.

Es ist eine Herausforderung an die Führungskräfte des Einkaufs, in Übereinstimmung mit den Einkaufsstrategien Ziele zu vereinbaren, die der leistungsbereite Einkäufer akzeptiert. In einem Umfeld mit klaren Zuständigkeiten, EDV-geführten Arbeitsabläufen, aktuell gespeicherten Informationen und jederzeit abfragebereitem Stand der Einkaufsaktivitäten werden Disziplin und Selbstkontrolle wachsen.

Es entwickelt sich gleichzeitig der besondere Anspruch an die Führungskräfte des Einkaufs, nicht mehr so intensiv im Rahmen des Tagesgeschäftes, sondern im unternehmerischen Sinne, im Sinne eines Supply Managements, zu wirken.

Die modernen Informationstechnologien ermöglichen der Einkaufsleitung ein unternehmerisches Handeln durch gezielte Auswahl und Analyse der Daten und Ergebnisse, ohne daß ein Mitarbeiter hierzu Hilfestellung geben und seine Arbeit unterbrechen muß.

Um dem Einkauf zu einem Innovationsschub zu verhelfen, sind demnach zwei fundamentale Maßnahmen unabdingbar:

■ Implementierung einer leistungsfähigen EDV-Hard- und Software im Einkauf, die ihre volle Effizienz erfahrungsgemäß frühestens nach einem, spätestens nach zwei Jahren erreicht, bedingt durch Sammlung und Kumulation von Daten und Informationen.

■ Bei Anwendung der EDV sind Einkaufsleitung und alle Mitarbeiter in die Pflicht zu nehmen. Die EDV optimal nutzen heißt für die Einkaufsleitung, unternehmerisch handeln und für die Einkäufer, im Rahmen ihrer Befugnisse ihre Aufgaben in voller Eigenverantwortung komplett zu erfüllen. Das persönliche Codewort ist das Signum für alle Aktivitäten und die dabei erzielten Wirkungen.

2. Systemberechtigungen und Befugnisse bestimmen die Effizienz entscheidend

Die Befugnisse der Einkaufsleiter und Einkäufer, in den Einkaufsorganisationen, oft Statussymbole und Machtfaktoren im hemmenden Sinne, müssen mit Einführung eines EDV-Systems eine grundlegende Wandlung erfahren.

So ist zunächst der Benutzercode als Geheimcode für jeden Mitarbeiter zu vergeben, der im System arbeiten muß. Ab diesem Zeitpunkt wird jede Aktivität automatisch mit Datum und Uhrzeit festgehalten und Verantwortung dafür getragen, auch für den leichtsinnigen Umgang mit dem persönlichen Codewort.

Die nun folgende Zuteilung von Systemberechtigungen in Verbindung mit dem persönlichen Benutzercode ist eine Frage der Qualifikation und Stellung des Einzelnen im Einkauf. Nach dem Grundschema

- Daten/Informationen (nur) abfragen,
- Daten/Informationen eingeben oder aufbauen,
- Daten/Informationen ändern oder löschen,

werden alle Teilaufgaben dem Einkaufsmitarbeiter zugeordnet und im System verankert. Mit einer Erklärung zur Einhaltung der Datenschutzbestimmungen und Wahrung der Geschäftsgeheimnissse erhalten Mitarbeiter ihr Berechtigungsblatt.

Doch wie soll diese auf unbestimmte Zeit festgeschriebene Berechtigungsstruktur zu mehr Kreativität und Flexibilität führen? Die Antwort hierauf wird in den folgenden Seiten gegeben.

Am Anfang steht der Aufbau von Dateien, die Tag für Tag die reibungslose Durchführung des Einkaufsgeschäftes gewährleisten sollen.

(1) Materialstammdaten

Aufbau und Pflege der Materialstämme sind nicht Aufgabe des Einkaufs, sondern sinnvollerweise bei der Normenstelle in der Konstruktion oder Produktion aufgehoben. Allerdings hat der in ein Wertanalyse- oder Entwicklungsteam delegierte Einkäufer durch Lieferantenwahl einen nicht zu unterschätzenden Einfluß auf die Materialspezifikation. Diese wird auch Vertragsbestandteil.

Dennoch sollte die Berechtigung zum Aufbau oder zur Veränderung der Materialstammdaten grundsätzlich nicht beim Einkäufer liegen. Zum ausschließlichen Zweck der Information sollte hingegen die Berechtigung an alle Funktionen und Mitarbeiter vergeben werden, die ständig mit Material zu tun haben, auch in der Entwicklung, Konstruktion und Produktion. Hierdurch entfallen viele Telefonrückfragen.

(2) Lieferantenstammdaten

Diese Informationsbasis über den Lieferanten darf nur im Einkauf erstellt und verändert werden. Eignungskriterien, Leistungen, Konditionen und Beurteilungen sind sorgfältig zu pflegen. Bei höherem Risiko durch Single Sourcing, Modular Sourcing und bewußt reduzierter Lieferantenzahl sollen Qualitätsmängel und Terminverzögerungen möglichst automatisch einfließen.

Der reine Informationszugriff auf diese Daten durch alle, die mit Recht Angaben zu Lieferanten benötigen, reduziert wiederum die Störungen im Einkauf.

(3) Datenbanken

Der Aufbau von Informationsbasen, die zur Analyse angewandter und künftiger Einkaufsstrategien dienen, wird vom Einkaufsmanagement und EDV-Experten durchzuführen sein.

Gefragt sind relationale Datenbanken, deren Systemstruktur alle relevanten Einkaufsdaten automatisch aus den Arbeitsprogrammen selektiert und speichert. Jeder sich darauf beziehende Informationsbedarf kann einzeln, aufgelistet mit Subsummierung oder total erfüllt werden.

Funktionsübergreifendes Wissen um die Unternehmens- und Einkaufsstrategien einerseits und über Datenbanktechnologien andererseits werden in Zukunft stärker als in der Vergangenheit gefordert.

Datenbankabfragen sollten wegen der Bedeutung der Informationen vom Einkaufsmanagement oder Einkaufscontrolling genehmigt werden.

Der große Nutzen dieser Auskunftssysteme liegt darin, daß mit Abfragesprachen Informationen herausgefiltert, kombiniert und zusammengefaßt werden können. Jede in der Vergangenheit aufwendige Analysetätigkeit, z.B. die ABC-Analyse, die kombinierte ABC-/XYZ-Analyse, Make-or-Buy-Analysen oder die Wertanalyse, kann mit Datenbanksystemen entscheidungsreif vorbereitet werden.

(4) Statistiken / Leistungsberichte

Je nach Berichtsebene sollten Regelinformationen durch die Leiter der Einheiten ausgelöst werden. So sollte ein Gruppenleiter in der Lage sein, die Bestellaktivitäten seiner Einkaufsgruppe, gegliedert nach Anzahl der Positionen je Bestellung und Bestellwerten periodisch anzufordern.

(5) Berichtsgeneratoren

Jede leistungsfähige Standardsoftware für den Einkauf enthält einen Berichtsgenerator, um jederzeit eine definierte Information aus Einkaufsdateien zu gewinnen. In der Regel lernen Einkäufer, den gewünschten Bericht selbst zu programmieren. Typische Anwendungen sind aktuelle Zusammenstellungen über Bedarf, Preisentwicklung, Beanstandungen und Liefersituationen, die für Verhandlungen mit Lieferanten benötigt werden. Die Berechtigung gehört in die Hände erfahrener Einkäufer, die durch zeitliche und sachliche Abgrenzung den Aufwand gering halten. Die Durchführung über Datenbanken (siehe oben) ist weniger aufwendig und schneller.

(6) Bestellvorschläge / Bedarfsanforderungen

Je nach Dispositionsverfahren werden Mengenvorschläge für den Einkauf maschinell errechnet oder bei nicht bevorratetem Material durch den Bedarfsträger erfaßt.

Eine Befugnis zur Änderung der Mengen darf nur die Dispositionsstelle erhalten, die entweder auf sinnvolle Mengeneinheiten rundet oder die Vorschläge annimmt.

(7) Rahmenabkommen

Ausschließlich der erfahrene Einkäufer sollte berechtigt sein, Rahmenabkommen als Rückgrat der Materialversorgung im System aufzubauen und zu pflegen. Der Informationszugriff muß für Materialdisponenten und Verwender selbstverständlich offen sein. Die Abwicklung wird für den Einkäufer bzw. Beschaffer weniger zeitaufwendig und schafft kreativen Raum, zum Beispiel durch automatische Erfassung der Bestellungen, Erfüllungsgrade, Preiskorrekturen, Qualitäts- und Terminabweichungen.

(8) Abrufe aus Rahmenabkommen

Die praktisch genutzten Möglichkeiten reichen von vollautomatischem Abruf aus dem Materialplanungssystem über den manuell gestarteten Abruf durch die Disposition[1]) oder den dispositiven Einkauf.

Grundsätzlich sollten Abrufbestellungen aus dem Einkauf verbannt sein. Die Übermittlung zum Lieferanten geschieht aus dem EDV-System per Telefax oder über Datex-Netze. Versand mit der Briefpost ist jedenfalls teuerer und zeitraubender.

■　　Es gibt keine Gründe, Abrufberechtigungen im Einkauf zurückzuhalten. Eine Unterschrift ist nicht erforderlich, da die rechtlichen Vertragsgrundlagen zum rein dispositiven Vorgang feststehen.

---

[1]　　Siehe dazu und zum folgenden im 1. Abschnitt unter Ziffer 4-6.

(9) Einzelbestellungen

Einzelbestellungen gehören eindeutig in den Einkauf, es sei denn, daß Kleinbestellungen bis zu einem bestimmten Wert an andere Funktionen delegiert sind oder durch die Beschaffung erfolgen. In diesem Falle sollte das System auch von den beschaffenden Stellen konsequent genutzt werden, damit rationelle Abwicklung und Kontrolle der außerhalb des Einkaufs getätigten Bestellungen gewährleistet sind.

Für alle Berechtigungen gilt das Prinzip der

■   Gewaltenteilung.

Jede Doppelfunktion - Mittelfreigabe und Leistungsanerkennung - in den Händen eines Mitarbeiters ist zu vermeiden.

Negative Beispiele hierfür sind:

-     Einkäufer mit Bestellberechtigung und Befugnis der Warenein-gangsbestätigung,

-     Einkäufer mit Berechtigungen für Bestellung und Freigabe der Lieferantenrechnung zur Zahlung,

-     Disponent, Beschaffer oder Beschaffungslogistiker mit Berechti-gungen für Abrufe und Wareneingangsbestätigung.

Grundsätze für die Vergabe von Systemberechtigungen sind:

■   Alle vertrauenswürdigen Mitarbeiter, nicht nur im Einkauf, die Informationen im Materialfluß benötigen, müssen zumindest passi-ve Zugriffsberechtigungen für ihre materialwirtschaftliche oder logistische Tätigkeit erhalten.

■   Alle Mitarbeiter in Einkauf und Beschaffung bzw. Beschaffungs-logistik, die aktiv Funktionen des Einkaufs oder der Logistik eigen-verantwortlich ausüben, müssen die entsprechenden Berechtigun-gen zum Aufbau oder Änderung der Daten ihres Aufgabenbereichs besitzen. Systemberechtigungen sollen nach außen mit Unterschriftsbefugnissen identisch sein, ausgenommen Rahmenverträge und Investitionsgüterbestellungen.

■ Die Kontrolle durch Vorgesetzte sollte in einfacher Weise durch regelmäßige Vorlage und Auswertung von automatisch erstellten Tagesprotokollen (Logbuch) der EDV-Aktivitäten erfolgen.

Der fast vollständige Fortfall von Unterschriften und die hohe Eigenverantwortung durch Selbstkontrolle bedeuten Zeitgewinn und verbesserte Arbeitsqualität. Die Effizienz im Einkauf wird dadurch spürbar gesteigert.

3. Informationen im Dialog über Qualität und Aktualität der EDV

Ausschließlich durch Zusammenarbeit zwischen Einkauf, Logistik und nahezu allen anderen Unternehmensbereichen lassen sich optimale Ergebnisse auf jeder Unternehmensebene erzielen.

■ Die Chance, durch einmalige Erfassung von Daten und Informationen am Ort des Entstehens vielen Bereichen zu dienen, muß ohne Bereichsegoismen wahrgenommen werden.

■ Die ausgelösten Synergieeffekte bringen Zeit- und Informationsvorsprünge in allen Arbeitsabläufen und sorgen für Aktualität der Informationen.

Außer Frage steht, daß die Einkaufsleitung ständig ein kritisches Augenmerk auf die Primärdatenerfassung richten muß. Durch die integrierte Datenverarbeitung ist eine Fülle von zusätzlichen Eingaben auf den Einkauf zugekommen. Denn die Optimierung der Materialwirtschaft oder Logistik verlangt genaue Daten über Materialtransport und Handling. Das Rechnungswesen benötigt Kostenstellen- oder Budgetpositionsnummern, deren Fehlen die Erstellung eines Auftrages in vielen Systemen durch Plausibilitätskontrollen unterbindet.

Andere Sicherheitssperren verhindern eine Bestellung ohne Preisangabe oder blockieren diese, wenn keine oder eine ungültige Materialcodenummer eingesetzt wird.

Qualitätsmanagement in der Primärdatenerfassung ist insbesondere dort gefragt, wo kein Systemzwang zur Eingabe besteht. Es sollte von der Einkaufsleitung nicht hingenommen werden, daß aus Bequemlichkeit oder Zeitmangel die Lieferanten und Materialstammdaten "Lücken" aufweisen.

ABC-Kennziffern, Auditierungsergebnisse, Informationen über Qualitätsmängel oder Lieferverzögerungen (möglichst automatisch erfaßt), Lagervorschriften, Gefahrguthinweise und viele andere entscheidungsrelevante Informationen bleiben oft auf der Strecke.

Rahmenverträge sollten vor der ersten Bedarfsanforderung im System erfaßt und vom Lieferanten bestätigt sein. Wer zuläßt, daß Einkaufen auch ohne System geht, schafft gefährliche Schlupflöcher für jene Kategorie von Einkäufern, die selten eine Aufgabe zur rechten Zeit und vollständig durchführen kann.

Eine weit verbreitete Unsitte ist das Ansammeln von Vorgängen, um diese "einmal am Tag" oder "zweimal in der Woche" geschlossen abwickeln zu können. Eine verzögerte Dateneingabe im Wareneingang beispielsweise hat den Effekt, daß Bedarfsstellen nicht erkennen, daß die dringend benötigte Ware schon eingetroffen ist. Die Terminjagd wird angekurbelt. Auch die Rechnungsprüfung muß die schon vorliegende Rechnung zurücklegen und evtl. mehrfach den Eingang aufrufen.

Ein weiteres Hindernis auf dem Weg zu aktuellen Informationen im Einkauf ist das zum Teil noch krampfhafte Festhalten an Batchverarbeitung, also Sammlung von Daten und Informationen zur nächtlichen, mehr- oder einmaligen Datenverarbeitung pro Woche.

Oft sind es nur geringe Investitionen in die Hardware, um dieses Relikt aus der Lochkartenzeit zu eliminieren und für vollständige Real-Time-Verarbeitung zu sorgen.

Bestellungen müssen sofort nach der Eingabe per Telefax oder Datex-Verbindung zum Lieferanten und dürfen nicht mehr für die nächtliche Druckverarbeitung "gesammelt" werden. Der Zeitgewinn von ein bis zwei Arbeitstagen bei Bestandsinformationen kann Abbau von Sicherheitsbeständen im Lager oder am Arbeitsplatz bedeuten.

■ Qualitätsmanagement bei der Dateneingabe im Einkauf heißt demnach, Qualität und Aktualität im EDV-System sicherzustellen, um die Effizienz des Einkaufs mit den systemgestützten Arbeitsabläufen steigern zu können.

4. Die Schlüsselrolle der EDV für den gestaltenden Einkauf und die Beschaffungslogistik

Flache und teamorientierte Strukturen, wie sie heute in Übereinstimmung mit dem Lean Managementkonzept in der Industrie bevorzugt werden, sind aus wirtschaftlichen und betriebssoziologischen Ideen entstanden. Integrierte EDV-Systeme können in diesen Organisationsformen ausgezeichnete Katalysatoren sein, um die Qualität der Arbeitsergebnisse zu verbessern.

Die organisierte Freizügigkeit der Systemnutzung und Informationsgewinnung im Einkauf und die Gleichstellung der Möglichkeiten im System verringern Rangunterschiede, die in veralteten Organisationsformen - auch mit EDV - durch überbetonte Seniorität und Betriebserfahrung der älteren Mitarbeiter noch in autoritärer Weise existent sind.

Die Schlüsselrolle der EDV bei der Steigerung der Effizienz (siehe auch Abbildung 20) soll an folgenden Beispielen aus der Einkaufspraxis erläutert werden:

(1) Lieferantenauswahl[1]

Durch das Vorziehen der Einkaufsaktivitäten in die Entwicklungsphase hat die für Kosten und Qualität entscheidende Auswahl geeigneter Lieferanten den richtigen Stellenwert erhalten. Der Einkäufer im Entwicklungsteam betreibt Markt- und Lieferantenforschung für das Material zum neuen Produkt.

Der Einkäufer verfügt durch die Kombination von Materialstammdaten und dazu in Frage kommenden Lieferantendateien über Möglichkeiten, einen angemessenen Bieterkreis aufzubauen.

---

[1] Vgl. Hartmann / Pahl / Spohrer, a.a.O., S.17ff.

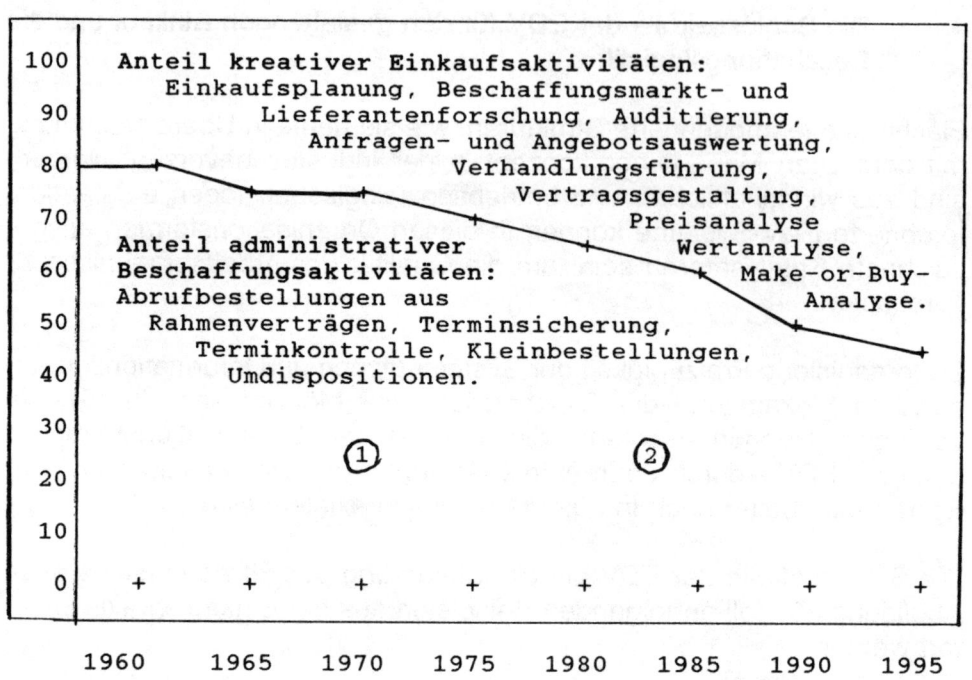

Abbildung 20: Einfluß der EDV auf administrative und kreative Tätigkeiten im Einkauf in % der Arbeitszeit, bezogen auf alle Stellen im Einkauf, einschl. inzwischen ausgegliederte Beschaffungs-tätigkeit.

Als externe Informatiosbasis sind über das Bildschirmterminal öffentliche Datenbanken im Dialog oder CD-ROM mit Lieferantennachweisen in systematisch geordneter Form, zum Beipiel nach Ländern, abrufbereit.

Die Verknüpfung interner und externer Lieferantennachweise, beide Informationsquellen mit qualifizierten Angaben über Leistungsfähigkeit in elementarer Form - Zertifizierung oder geprüfte Qualität - stellt bereits eine Basis für Anfragen dar.

Ohne EDV und elektronische Medien wäre eine derartige Erhebung nur mit einem unverhältnismäßig hohen Arbeitsaufwand und Personaleinsatz zu bewältigen. Die gewünschte Reduzierung aktiver Lieferanten macht jedoch eine intensivere Vorprüfung unumgänglich, will man sich vor den Risiken des Ausfalls vorbeugend schützen.

(2) Beschaffungsmarktforschung

Die in der Vergangenheit und auch heute noch anzutreffende Belastung des Einkaufs mit 80% und mehr Abwicklungstätigkeit ließ die Beschaffungsmarktforschung zu sporadischen und meist hektischen Aktionen im akuten Bedarfsfall verkommen.
Die Ergebnisse waren oft zufallsbedingte Momentaufnahmen des Beschaffungsmarktes, die keine mittel- oder langfristige Perspektive ermöglichten.

Heute ist zunehmend in Großunternehmen die Stellenbeschreibung des gestaltenden Einkäufers mit einem festen Anteil von ca. 10 - 15 % der Arbeitszeit für Beschaffungsmarktforschung versehen. Wirkungen können jedoch nur erzielt werden, wenn mit der "Working Station" Zugriffe auf Branchen- und Länderdatenbanken möglich sind. Die Auswertungen setzen ein gewisses Maß an volkswirtschaftlichem Wissen und die Fähigkeit zur Selektion von Informationen entsprechend den unternehmensspezifischen Anforderungen voraus. Letztlich gilt es dann noch, die Kriterien in einer aktuell zu führenden Beschaffungsmarktdatenbank des Unternehmens zu erfassen.

In großen Unternehmen, insbesondere weltweit einkaufenden Konzernen, ist die Beschaffungsmarktforschung häufig als Stabsabteilung organisiert und mit den gleichen Mitteln der Informationsbeschaffung ausgestattet.

Bei dieser Form der Organisation kann es zu Problemen an der Schnittstelle zum Einkauf kommen, wenn dem Einkauf durch seine ständigen Lieferantenkontakte abweichende Daten vorliegen. Ohne eine Harmonisierung unterschiedlicher Auffassungen sollten in solchen Fällen keine Beschlüsse über einkaufsstrategische Entscheidungen gefaßt werden.

(3) Make-or-Buy-Analyse

Der wirtschaftliche Druck zur Kostensenkung führt zu einer wesentlich verstärkten Aktivität des Einkaufs bei der Frage Eigenfertigung oder Fremdbezug.

Welche Rolle spielt die EDV im Verlauf des Verfahrens?

Sofern es sich um bereits im Unternehmen hergestelltes Material handelt, sind EDV-gespeicherte Kalkulationsdaten der Betriebswirtschaft für das Angebotsverfahren und für Verhandlungen mit den möglichen Lieferanten eine nützliche Grundlage.

Material für neue Produkte muß sich zwangsläufig an der geforderten Qualität und dem Kostenziel ausrichten. Hierbei spielen Informationen aus der Lieferantendatei und der Beschaffungsmarktforschung (siehe oben) eine wesentliche Rolle. Unter der Voraussetzung, daß Aussagekraft und Aktualität der Informationen gewährleistet sind, wird eine erhebliche Beschleunigung des Verfahrens erreicht und die Zuverlässigkeit des Analyseergebnisses stabilisiert.

(4) Wertanalyse

Ähnlich wie bei der Make-or-Buy-Analyse strahlen EDV-gespeicherte Kalkulationen der Betriebswirtschaft, aktuelle und qualitative Informationen über Beschaffungsmärkte und Lieferanten eine stabilisierende Wirkung auf das Verfahren aus und bedeuten Zeitgewinn für das Wertanalyseteam.

Die übersichtliche Aufbereitung von Einkaufsdaten für die Teammitglieder aus den unterschiedlichen Bereichen des Unternehmens gibt der einkäuferischen Argumentation mehr Gewicht und Überzeugungskraft als ein Vortrag mit unvermeidlich subjektiven Tendenzen.

Nach der Entscheidung werden die Ergebnisse aufgrund der automatischen Erfassung aller Daten genau abgebildet und evtl. auftretende Qualitätsprobleme oder Lieferverzögerungen ohne "Wenn und Aber" dokumentiert.

(5) ABC-/XYZ-Analyse

War die Durchführung einer ABC-Analyse - ob nach Materialverbrauch oder Lieferanten - ohne EDV kaum denkbar, so ist die Realisierung einer kombinierten ABC-/XYZ-Analyse zur Stabilisierung der Bedarfsprognose und Ableitung strategischer Maßnahmen in Einkauf und Logistik unmöglich.

Hierfür sind Datenbanktechnologien zu empfehlen, weil herkömmliche Dateiabfragen für Programmierung und Datenverarbeitung zu aufwendig sind.

Ohne diese EDV-Unterstützung wäre eine optimale Teiledifferenzierung für den Materialeinkauf eines Serienherstellers unmöglich. Entscheidungen über JiT-Versorgung, Vorratsproduktion beim Lieferanten oder eigene Lagerhaltung wären zwar mit ungefährer Kenntnis der Prognosegenauigkeit denkbar, die Folgen für den Einkauf und den Lieferanten in Form riskanter Kapitalbindungen aber spürbar nachteilig.

(6) Logische Zentralisierung

Die Führung von Sparten in Business Centern hat die alten Meinungsunterschiede zwischen zentralem und dezentralem Einkauf wieder aufleben lassen.

Mit der Unterstützung durch ein integriertes Materialwirtschaftssystem, das den Sparten als logische Zentralfunktion zur Verfügung steht, ist ein effizienter Einkauf durchaus möglich. (Siehe hierzu Beispiel Nr. 5 im ersten Abschnitt.)

Bei gleichem Bedarf in mehreren Sparten übernimmt die Sparte mit dem höchsten Verbrauch oder der regional bedingten besten Einkaufsquelle im

Sinne einer Lead Buying-Funktion den Rahmenvertrag, aus dem die übrigen Sparten sich durch Abrufbestellungen versorgen.

Ein "Focal Point" für die Wahrung von Einkaufspolitik und unternehmensinternen Einkaufsrichtlinien muß selbstverständlich vorhanden sein. Diese Rolle kann auch das Unternehmenscontrolling wahrnehmen.

(7) Beschaffungslogistik

Die auf Rahmenabkommen gestützte Materialversorgung erfährt durch die integrierte Datenverarbeitung unterschiedliche Grade der Automatisierung:

-       In der Serienfertigung läßt sich aus der Produktionsplanung gemäß Absatzprognose bei Konsumartikeln oder Kundenaufträgen bei Investitionsgütern eine vollständige Automatisierung der Bestellungen erreichen.

-       Die Logistik greift ein, wenn es zu Störungen im Ablauf kommt: Lieferverzögerungen beim Lieferanten, Mängel beim gelieferten Material, unvorhergesehene Unterbrechungen in der eigenen Produktion.

        Routinevorgänge werden auf der vertraglichen Basis automatisiert, Abweichungen erfordern gestaltendes Handeln durch den systemunterstützten Logistiker.

-       Die Einzelfertigung, zum Beispiel der Sondermaschinenbau, operiert zum großen Teil ebenfalls mit Rahmenabkommen, jedoch ohne genaue Mengen- und Zeitbindung, sondern nur mit geschätzten Angaben, damit keine Abnahmeverpflichtung entsteht.

        Für die Beschaffungslogistik ist der gestaltende Eingriff in den Ablauf notwendig, Lieferzeitpunkt und Menge richten sich nach dem Kundenauftrag und sind nach den Kundenanforderungen individuell einzugeben. Gegenüber der Serienproduktion dürfte der Automatisierungsgrad geringer sein. Auch müssen die Bestandsentwicklung bei stochastisch geführtem Lagermaterial regelmäßig geprüft und die Parameter situationsgerecht geändert werden.

Mit jeder sinnvollen Nutzung der EDV zur Entlastung der Beschaffungslogistik von Routinevorgängen besteht auch bei Einzelfertigung die Möglichkeit, sich vorausschauend um Möglichkeiten der Effizienzsteigerung
erfolgreich zu bemühen.

5. Elektronische Kommunikation muß integriert werden!

Was nützt die perfekte EDV, wenn innerbetrieblich minimalste Bearbei-
tungs- und Informationszeiten erreicht werden, die Kommunikation mit
dem Lieferanten jedoch mit der Briefpost oder dem nicht integrierten
Faxgerät erfolgt?

Um einen Zeitgewinn zu realisieren, muß die Bildschirmarbeitsstation in
Einkauf und Beschaffungslogistik über Datex- und Faxanschlüsse verfügen. Denn vor allem in der Materialversorgung - sei es bei vorbereiten-
den Maßnahmen oder der Lieferdurchführung - ist der Kostenvorteil durch
kapitalschonende Bestandshaltung und genauen Lieferzeitpunkt meßbar.

Die Möglichkeiten des Einkäufers und Logistikers am Arbeitsplatz dürfen
weder durch eine Batterie unterschiedlicher Kommunikationsgeräte noch
durch hemmende Benutzerbefugnisse eingeengt werden. Wie in Abbildung 21 dargestellt, sollten mit einem Bildschirmterminal die elektronischen Kommunikationswege offen sein. Das Kosten-Nutzen-Denken eines
leistungsorientierten und verantwortungsbewußten Mitarbeiters muß
aufwendige elektronische Spielereien vermeiden können.

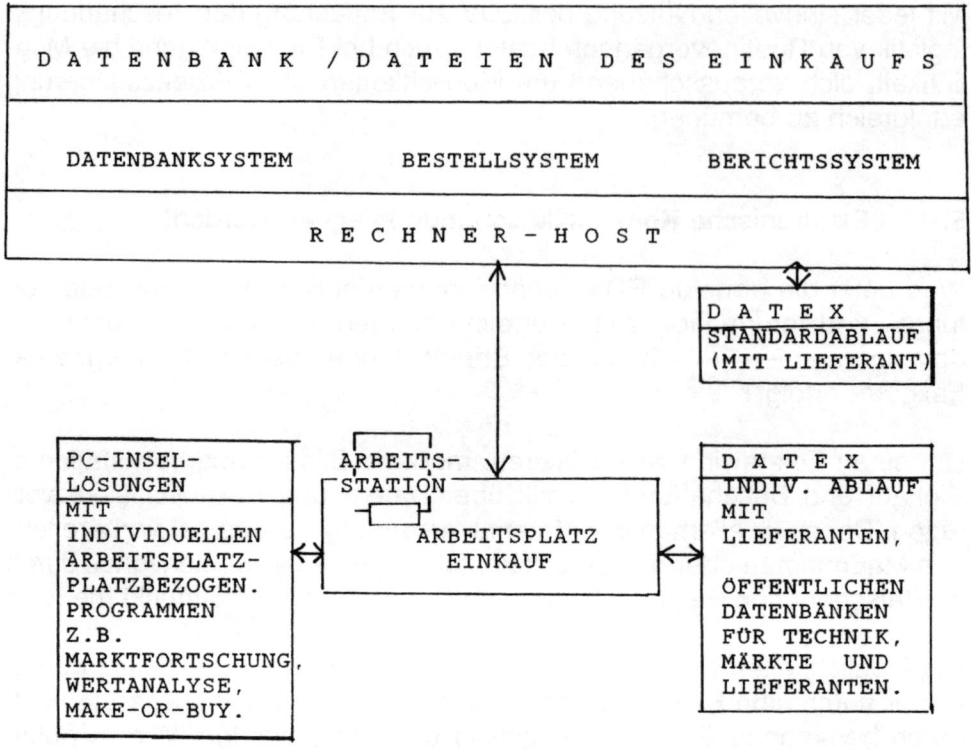

Abbildung 21: Arbeitsplatz im Einkauf mit Systemunterstützung und elektronischer Kommunikation

Zusammenfassend lassen sich folgende Thesen zur Effizienzverbesserung durch EDV in Einkauf und Beschaffungslogistik aufstellen:

■ Moderne Informations- und Kommunikationstechnologien dienen nicht nur der Automatisierung, sondern bilden das Werkzeug, um Prozesse in Einkauf und Beschaffung neu zu durchdenken und zu gestalten.

- Die Anwendung elektronischer Datenverarbeitungs- und Kommunikationstechnologien ist Aufgabe aller Mitarbeiter und Führungskräfte.

  Eine rein ideologische und direktive Anordnung durch EDV-Spezialisten ist zu vermeiden.

- Befugnisse und Berechtigungen im EDV-System sollten nach "Training on the Job" und "Learning by Doing" zur kompletten Erfüllung der gestellten Aufgaben unter Hinweis auf Eigenverantwortung und Selbstkontrolle vertrauensvoll erteilt werden.

  Gewaltenteilung ist notwendig, Mißtrauen ist auszuschließen!

- Einwandfrei arbeitende EDV-Programme vorausgesetzt, steht Datenmanagement für Einkauf und Logistik gleichzeitig unter der Forderung nach

  TQM = Total Quality Management.

  Null Fehler bei der Dateneingabe lautet die Zielsetzung.

- Informationsgewinnung darf keine starre Routine werden. Genau abgegrenzt in der Sache, situationsgerecht und zeitbezogen werden beste Wirkungen erzielt.

- Zeit- und Informationsvorsprung sind als Wettbewerbsvorsprung in Einkauf und Beschaffung konsequent durch kreatives Handeln nach innen und außen zu nutzen.

- Offene elektronische Bürokommunikation heißt, daß jeder Einkäufer auf der Arbeitsebene mit anderen Funktionen des Unternehmens und Lieferanten Fragen und Probleme des Tagesgeschäftes klärt. Offene Kommunikation sorgt für Beschleunigung, wenn klare Zuständigkeiten, Verantwortung und Kompetenz die Teilnehmer leiten.

- Moderne Kommunikationstechnologien und Konfliktmanagement können voneinander nicht getrennt werden!

3. Abschnitt

Organisatorische Absicherung des Einkaufs in der Praxis

Fallbeispiele

Die nachfolgenden Fallstudien - alphabetisch nach Branchen sortiert[1] - sollen kein Patentrezept anbieten, sondern den kritischen Vergleich mit der praktizierten eigenen Lösung ermöglichen und zur Kreativität nach dem Motto anregen:

---

[1] Die Praxisbeispiele sind folgenden Branchen zuzurechnen:
1. Chemie (Kosmetik), Wundversorgung, Klebetechnologie
2. Elektrotechnik (Schaltanlagen)
3. Elektrotechnik (industrielle Wägetechnik)
4. Feinmechanik und Elektronik; Zeichengeräte
5. Metallverarbeitung (industrielle Baugruppenfertigung)

1. Praxisbeispiel

Gemischt zentral-dezentrale Einkaufsorganisation bei der Beiersdorf AG

Manuela Stoebe

1.   Zum Unternehmen

Die Beiersdorf AG mit Hauptverwaltung in Hamburg ist ein weltweit tätiges, kunden- und wettbewerbsorientiertes Unternehmen, das Markenartikel von hoher Qualität in den Kernkompetenzbereichen Haut, Wundversorgung sowie Klebetechnik herstellt und vertreibt. Weltweit steht für 53 Tochtergesellschaften und 44 Lizenznehmer in über 30 Ländern. Mit einer Mitarbeiterzahl von 16.880 wurde 1993 ein Konzernumsatz von ca. 4,8 Milliarden DM erzielt. Dabei entfielen 52 % des Umsatzes auf den Geschäftsbereich cosmed, 23 % auf medical und 25 % auf tesa. Der Anteil des Auslandsgeschäftes liegt bei ca. 62 %.

2.   Aufgabenverteilung zwischen Zentraleinkauf und Material-Management der Sparten

In der Beiersdorf AG ist innerhalb der Spartenorganisation ein Zentraleinkauf eingesetzt worden, um den weltweiten Bedarf der deutschen sowie der ausländischen Tochtergesellschaften zu koordinieren und als gebündelte Nachfragemacht in den Beschaffungsmarkt zu tragen. Der dem Ressort Finanzen/Controlling unterstellte Zentraleinkauf (siehe Abbildung 22) ist für den technischen Einkauf, den Rohstoff, Pack- und Werbemitteleinkauf zuständig und somit in drei Abteilungen gegliedert. Der Einkauf von Handelswaren wird in allen drei Abteilungen durchgeführt. Die Leitung des Zentraleinkaufs wird zusätzlich von einer Stabsstelle Controlling und Systembetreuung unterstützt, die fachlich der Abteilung Konzerncontrolling und disziplinarisch dem Zentraleinkauf unterstellt ist. Neben dem Zentraleinkauf ist in jeder Sparte eine Abteilung Material-Management, wie die folgende Abbildung verdeutlicht, vorhanden.

Geschäftsführung			
Querschnittsfunktionen/ Zentralabteilungen	**Sparten**		
Vorstands- vorsitzender	**cosmed**	**tesa**	**medical**
Personal/Verwaltung/ Umweltschutz	Geschäftsbereich Deutschland	Geschäftsbereich Deutschland	Geschäftsbereich Deutschland
Finanzen/ Controlling	Produkt- entwicklung	Geschäftsbereich Consumer	Geschäftsbereich Derma
Finanz- und Rechnungswesen	Business Development International	Business Development International	Business Development International
Konzerncontrolling	Forschung	Geschäftsbereich Industrie	Technologie
Steuern/ Versicherungen/Zoll	Product Coordination I	Geschäftsbereich Etiketten Europa	Product Coordination
Informationssysteme	Product Coordination II	Technologie/ Forschung	Qualitäts- management/ Regulatory Affairs
Regionalsteuerung Südamerika			
Zentraleinkauf	Controlling	Entwicklung/Qualitäts- management	Controlling
Zentrale Logistik	Produktions- koordination + Material-Management	Controlling	Supply Operations + Material-Management
		Supply Operations + Material-Management	

Abbildung 22: Gemischt zentral-dezentrale Einkaufsorganisation bei der Beiersdorf AG

Der Zentraleinkauf wird in erster Linie strategisch in Impulsfunktionen sowie in Teilbereichen in Hoheitsfunktionen[1] tätig. Folgende Hauptaufgaben sind zu nennen:

- die Festlegung beschaffungspolitischer Grundsätze,
- die Planung und Implementierung von konzernweit gültigen Abläufen und Verfahren,
- die Koordinierung von Einzelaktivitäten der Leistungsnehmer und die Ausrichtung auf das Unternehmensziel,
- der Abschluß von Rahmenverträgen für gepoolte Mengen,
- die Steuerung aller Beschaffungsmarktforschungsaktivitäten des Konzerns,
- die Initiierung und Durchführung von Kostensenkungsprogrammen unter Mitwirkung der Sparten.

Die Abteilungen Material-Management der Sparten führen dagegen alle operativen Tätigkeiten, die nach Vertragsabschluß durch den Zentraleinkauf anfallen, in Eigenverantwortung durch.

Zur Ausführung der operativen Tätigkeiten in den deutschen Tochtergesellschaften, bei denen es sich zum Teil um reine Fertigungsstätten handelt, sind Mitarbeiter der Material-Management-Abteilung der zuständigen Sparte in den Werken vertreten. Diese sind jeweils fachlich dem Material-Management der Sparte und disziplinarisch der Geschäftsführung der Tochtergesellschaft unterstellt.

In den ausländischen Tochtergesellschaften sind, wenn sie über eine Fabrikation verfügen, eigene Beschaffungsfunktionen vorhanden, die alle operativen Tätigkeiten ausführen. Sie sind im Gegensatz zu den deutschen Tochtergesellschaften fachlich dem Zentraleinkauf und disziplinarisch der Geschäftsführung der ausländischen Tochtergesellschaft unterstellt. Nur die Koordination findet durch die jeweilige Sparte statt.

Die Abteilungen Material-Management der Sparten und die Beschaffungsfunktionen der ausländischen Tochtergesellschaften sind für die termin- und mengengerechte Bereitstellung des Serienmaterials und der

---

[1] Dieses besagt, daß der Zentraleinkauf gegenüber den anderen Abteilungen bestimmte Rechte besitzt und diese ausüben darf.

Handelswaren verantwortlich. Im einzelnen haben sie folgende Aufgaben wahrzunehmen:

-       Bedarfsermittlung für Serienmaterial und Handelswaren,
-       Abruferteilung aus Rahmenverträgen und Überwachung der termin- und mengengerechten Abwicklung,
-       vorausschauende Terminüberwachung,
-       Koordination und Durchführung der Reklamationsabwicklung,
-       Weitergabe von Informationen an den Zentraleinkauf, vor allem in Fragen der Lieferantenbeurteilung hinsichtlich der Kriterien Qualitätsfähigkeit und Versorgungssicherheit.

3.   Vergabe von Lead Country-Funktionen

Zusätzlich sind die Beschaffungsfunktionen der ausländischen Tochtergesellschaften in den Beschaffungsmarktforschungsaktivitäten des Zentraleinkaufs mit eingebunden. Im Falle einer Lead Country-Funktion sind sie für die Ausführung der übertragenen Aufgaben verantwortlich.

Mit der Vergabe einer Lead Country-Funktion kann der Zentraleinkauf ausgewählte Aufgaben aus seinem Verantwortungsbereich, d.h. der Verhandlungsführung für international gültige Vertragsabschlüsse bei strategischen Materialien mit weltweitem Einsatz, an die Beschaffungsfunktionen der ausländischen Tochtergesellschaften übertragen.

Bei Vergabe einer Lead Country-Funktion geht die volle internationale Verantwortung für die Gruppe auf das Lead Country über.

Grundsätzlich wird eine Lead Country-Funktion an die Beschaffungsfunktion einer ausländischen Tochtergesellschaft vergeben, die die besten Voraussetzungen zur Sicherstellung größtmöglicher Vorteile für die Gruppe hat. Die Auswahlkriterien können je nach Projekt- und Konzerninteresse unterschiedliche Schwerpunkte und Ausrichtungen haben. Dazu zählen u.a.:

-       Einsatzmengen
-       Produktionsstandort
-       Standort Lieferanten

-       Qualitätsstandards
-       Verfügbarkeit geeigneter lokaler Lieferanten

Beispielhaft können folgende Aufgaben übertragen werden:
-       Durchführung von Beschaffungsmarktforschung
-       Festlegung von Planungsprämissen
-       Mengenbündelung der betreffenden Produktionsstätten
-       Durchführung von internationalen Ausschreibungen
-       Erstellung des Kostenvergleichs
-       Festlegung von Lieferanten
-       Führung von Einkaufsverhandlungen
-       Abschluß von internationalen Verträgen
-       Aufbereitung der Daten für die Beschaffung
-       Information aller beteiligten Tochtergesellschaften und des Zentral-
        einkaufs
usw.

Das Mandat läuft bis zum Ende der getroffenen Vereinbarung oder bis
zum Widerruf durch den Zentraleinkauf.

4.   Resümee

Durch diese Organisation, mit ihrer konsequenten Ausrichtung auf einkaufspolitische und strategische Elemente im Zentraleinkauf auf der einen
Seite, operative und administrative Elemente in den Spartenorganisatio-
nen und Tochtergesellschaften auf der anderen Seite, wurden bei der
Beiersdorf AG die Grundvoraussetzungen für strategisches Einkaufen zur
Erlangung von Wettbewerbsvorteilen geschaffen. Die Entwicklung der
Materialkosten, in den letzten Jahren stetig sinkend, zeigt, daß die Beiersdorf AG im Unternehmen und speziell im Zentraleinkauf den für sich
richtigen Weg eingeschlagen hat.

2. Praxisbeispiel

Optimierung der Einkaufsleistung durch Trennung des strategischen Einkaufs von der Beschaffung in einem mittelständischen Unternehmen der Elektroindustrie[1)]

Gerd Engelmann/Heinrich Orths

1.   Allgemeine Informationen zum Unternehmen

(1) Umfeldinformationen

Das mittelständische Unternehmen aus der Elektroindustrie gehört zu einer Unternehmensgruppe. Der Firmensitz ist Ratingen. Im Jahre 1990 wurde eine Tochtergesellschaft gegründet. Sitz dieser Gesellschaft ist Ferch in der Nähe von Potsdam. Das Unternehmen agiert eigenständig. Soweit gewünscht und erforderlich, erfolgt fachliche Unterstützung aus Ratingen.

Die nachstehenden Aussagen beziehen sich auf den Standort Ratingen. Soweit Angaben und Aussagen zum Standort Ferch erwähnenswert erscheinen, werden diese zusätzlich angeführt.

In Ratingen werden etwa 1250 Mitarbeiter beschäftigt. Weitere 100 Mitarbeiter sind bei der Tochtergesellschaft in Ferch tätig.

Zu den Produkten zählen
-        Vakuumschaltkammer
-        Vakuum-Leistungsschalter
-        Mittelspannungs-Lasttrenner
-        Mittelspannungs-Schaltanlagen (luftisoliert)
-        Mittelspannungs-Schaltanlagen (SF6-Gas-isoliert)
-        Hochspannungs-Schaltanlagen bis 145 kV

Für eine Reihe dieser Produkte sind weltweit Lizenzen vergeben. Die Lizenznehmer bedienen - mit Unterstützung aus Ratingen - ihre lokalen Märkte.

[1)]   Die Darstellung wurde mit Stand 31.3.1994 abgeschlossen.

84

Mit diesen Produkten - einschließlich Komponentenlieferungen an die Lizenznehmer - wurde 1993 ein Umsatz von mehr als 260 Mio. DM erzielt. Seit vielen Jahren beträgt das Einkaufsvolumen mehr als 50 % vom Verkaufsvolumen. Der Anteil steigt langsam aber stetig, hat jedoch auch 1993 mit rd.140 Mio. DM die 60 %-Marke noch nicht erreicht.

(2) Unternehmens- und Einkaufspolitik

Mit dem Customer Focus Programm hat sich die Unternehmensgruppe eine Neuorientierung, eine Hinwendung zum Kunden verordnet. Das gesamte Unternehmen, die gesamte Gruppe orientiert ihr Denken und Handeln am Kunden, am Kundennutzen. Dies hat auch durchgreifende Folgen für die Zusammenarbeit mit Lieferanten. Dieser Bereich des Customer Focus Programms ist das Supply Management. In dieser Zusammenarbeit wird der Lieferant als Partner erkannt und anerkannt. Dies setzt Umdenken auf beiden Seiten voraus. Zusammenarbeit in der neuen Form kann nicht mit einer Fülle von Lieferanten praktiziert werden. Strategische Partnerschaften sind aufwendig für beide Seiten. Eine Optimierung der Lieferantenanzahl ist dringend geboten.

Die durch den Ausleseprozeß bevorzugten Lieferanten werden in die internen Prozesse einbezogen. Die Lieferanten müssen vor Erkennen eines konkreten Bedarfes ausgewählt und festgelegt werden. Diese komplexen Entscheidungen kann der Einkauf nicht mehr allein treffen. Hier sind auch andere tangierte Funktionen hinzuzuziehen. Diese "Abkehr vom Funktionsegoismus" hatte und hat auch Auswirkungen auf die interne Zusammenarbeit.

(3) Strukturen im Unternehmen

Bedingt durch die Produktpalette verfügt das Unternehmen über eine leistungsfähige Vorfertigung (Teile-Fertigung) auf hohem technologischen Niveau. Dies gilt sowohl für die Blechbearbeitung als auch für die spanabhebende Bearbeitung.

Bezüglich der Unternehmensstruktur wurde vor einigen Jahren das starre, rein an Funktionen orientierte Organisationssystem verlassen und eine ablauforientierte Organisation eingeführt. Dies äußerte sich z.B. in der

Bildung von weitgehend autark agierenden Fertigungszentren. Soweit machbar, wurden bisher typische Funktionsaufgaben in die Fertigungszentren integriert. So würde z. B. auch die Vorfertigung den Fertigungszentren zugeordnet, und zwar die Blechbearbeitung dem für Schaltanlagen, die spanabhebende Bearbeitung dem für Schalter zuständigen Fertigungszentrum. Hiermit wurde dem jeweiligen "Hauptkunden" die Verantwortung zugesprochen.

Zu einem Fertigungszentrum gehört nicht nur die Fertigung. Vielmehr werden ihm weitere Bereiche zugeordnet, die für ein weitgehend autarkes Vorgehen erforderlich sind.

So gehören zu einem Fertigungszentrum neben den unterschiedlichen Fertigungsbereichen auch die "Abwicklung" und die "Qualitätsprüfung". Zur Abwicklung gehören die Fertigungssteuerung, die Disposition und die Beschaffung (operativer Einkauf). Auf letztere wird im Zusammenhang mit der Struktur der Materialwirtschaft noch näher eingegangen. Die Qualitätsprüfung ist disziplinarisch und organisatorisch ins Fertigungszentrum eingebunden. Sie nimmt alle das Fertigungszentrum betreffenden Qualitätssicherungsmaßnahmen wahr. Fachlich wird die Qualitätsprüfung von der Funktion "Qualitätssicherung" geführt.

(4) Strukturen der Materialwirtschaft

Der Leiter Materialwirtschaft und Logistik untersteht direkt dem Vorstand des Unternehmens und berichtet an das für die kaufmännische Verwaltung zuständige Vorstandsmitglied. Wie aus dem Organigramm hervorgeht (siehe Abbildung 23), gehören folgende Abteilungen zur Funktion:

- Einkaufsmarketing (strategischer Einkauf)
- Disposition und Beschaffung (operativer Einkauf)
- Vorratslogistik/Wareneingang
- Wareneingangsprüfung
- Spedition (Versand)

Damit wird der logistischen Kette (vom Lieferanten zum Kunden) weitgehend entsprochen. Auf den operativen und den strategischen Einkauf wird im folgenden noch näher eingegangen. Daher werden hier nur Anmerkungen zu den übrigen Teilfunktionen gemacht.

86

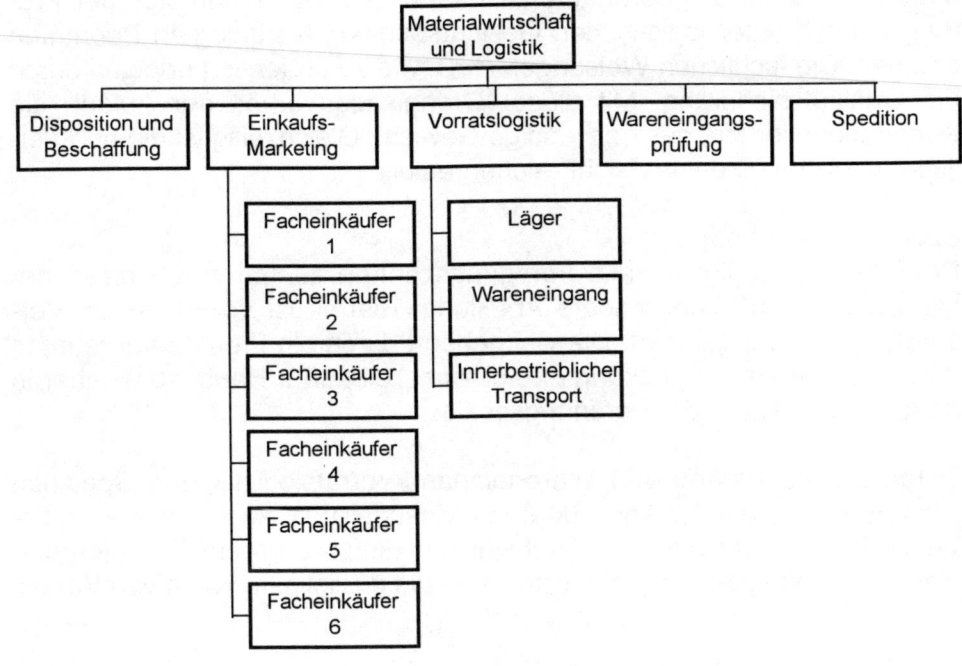

Abbildung 23: Organisationsstruktur der Materialwirtschaft und Logistik in einem mittelständischen Unternehmen der Elektroindustrie

Vorratslogistik/Wareneingang

Die Materialien für alle Fertigungszentren werden zentral vereinnahmt und bevorratet. Die Verteilung erfolgt in einem "Bringsystem". Neben dem Wareneingang ist der Vorratslogistik auch der interne Transport zugeordnet.

Wareneingangsprüfung

Die Wareneingangsprüfung ist disziplinarisch und organisatorisch der Materialwirtschaft zugeordnet. Damit kann z.B. die Reihenfolge der Prüfungen nach unter logistischen Gesichtspunkten festgelegten Prioritäten erfolgen. Die fachlichen Weisungen (z. B. wie zu prüfen ist) erfolgen durch die Qualitätssicherung. Mit dieser Organisation erhält der Ablauf, die Kundenorientierung, das notwendige Gewicht. Gleichzeitig ist die erforderliche fachliche "Dienstaufsicht" sichergestellt.

Spedition (Versand)

Der Versand erfolgt für alle Fertigungszentren zentral durch diese der Materialwirtschaft zugeordnete Abteilung. Hiermit ist vor allem die Versandbearbeitung gemeint. Die weitgehend durch ein Fremdunternehmen durchzuführende Verpackung erfolgt zum Teil außer Haus, sonst aber in unmittelbarer Nähe der Fertigungsstelle.

Durch die Zuordnung von Wareneingang/Vorratslogistik und Spedition (Versand) zu einer Funktion (Materialwirtschaft) ist die Koordination der Warenflüsse leicht möglich. Auch für die Einführung und Durchführung eines durchgängigen Leergutsystems ist die disziplinare Nähe von Vorteil.

2. Aufbauorganisation der Materialwirtschaft und des Einkaufs

(1) Zusammenarbeit mit dem Zentraleinkauf / Internationale Koordination

Wie unter 1.1 ausgeführt, gehört das Unternehmen zu einer Unternehmensgruppe. Die Einkaufsinteressen werden über den Zentralbereich Einkauf der Gruppe koordiniert. In aller Regel werden "Federführerschaften" mit den beteiligten Gesellschaften abgesprochen. Der Federführer verhandelt für alle übrigen beteiligten Gesellschaften.

Mit dieser Maßnahme sollen die Interessen der Unternehmensgruppe auf dem Beschaffungsmarkt bestmöglich und unter Vermeidung unnötigen Aufwandes wahrgenommen werden. Der Zentralbereich Einkauf hat in diesem Zusammenhang die Funktion eines Informationsvermittlers. Die Gesellschaften sind frei in ihrer Geschäftsbeziehung zu den einzelnen Lieferanten.

Über die nationalen Grenzen hinaus findet eine Einkaufskoordinierung zwischen den Gesellschaften der einzelnen Geschäftsfelder der Unternehmensgruppe statt. So werden gleichartige Bedarfe auch international koordiniert.

(2) Aufbauorganisation des Einkaufs

Die Trennung zwischen strategischem Einkauf (Einkaufsmarketing) und operativem Einkauf (Beschaffung) ist bereits vor einigen Jahren erfolgt. Dadurch kann den unterschiedlichen Anforderungen bezüglich der Zuordnung leicht Rechnung getragen werden. Die Konzentration des strategischen Einkaufs sorgt für ein gebündeltes Vorgehen auf dem Beschaffungsmarkt. Damit kann erreicht werden, daß das Unternehmen gegenüber einem Lieferanten nur mit einer Stimme spricht.

Der operative Einkauf (Beschaffung) kann - wo immer möglich und sinnvoll - bedarfsnah erfolgen. Die Aufgabe kann an den Bedarfsträger delegiert werden. Aus diesem Grunde bleiben bei der (zentralen) Disposition und Beschaffung nur solche Vorgänge, die nicht an die Bedarfsträger delegiert werden können.

Grundsätzlich ist für jedes identifizierte Material (Material mit Ident-Nummer) ein Disponent/Beschaffer verantwortlich. Die Zuständigkeit ist zu jedem Teil/Material im DV-System (SAP R3) hinterlegt. Dispositionshinweise/Bestellanstöße können hierdurch für Mitarbeiter automatisch vornotiert werden. Alle Materialien/Materialgruppen, die nur ein Bedarfsträger, das heißt ein Fertigungszentrum, benötigt, werden von diesem direkt beschafft. Soweit mehrere Bedarfsträger gegeben sind, erfolgt eine zentrale Beschaffung. Geringwertige Materialien bzw. Materialgruppen, die verbrauchsgesteuert zu disponieren sind, werden ebenfalls zentral beschafft. Typisch hierfür sind Hilfs- und Betriebsstoffe (z. B. Öle, Fette) oder Massengüter (Schrauben, Muttern, DIN-Teile).

(3) Einkaufsmarketing (strategischer Einkauf)

Die Aufgabe des Einkaufsmarketing besteht in der Organisation der strategischen Zusammenarbeit mit den Lieferanten. Hierzu gehört der Abschluß langfristiger Verträge ebenso wie die Weiterentwicklung des

Marktes auf der Beschaffungsseite. Hierbei entwickelt sich der strategische Einkauf vom Filter (Schnittstelle) zum Bindeglied (Nahtstelle).

Über den strategischen Einkauf wird der Beschaffungsmarkt im Sinne des Kundennutzens erschlossen. Vor diesem strategischen Hintergrund können operative Vergabeentscheidungen "nach Angebotslage" nicht mehr der Weisheit letzter Schluß sein. Statt dessen müssen im Vordergrund stehen:

- Termintreue
- Flexibilität
- Qualitätssicherheit
- Aufgeschlossenheit
- technische Unterstützung bei der Entwicklung
- Leistungsfähigkeit
- Service
- Eingehen auf Kundenphilosophien
- besonderes Interesse an der Zusammenarbeit

Lieferanten, die diesen Ansprüchen gerecht werden, finden auch innerhalb des Unternehmens die notwendige Akzeptanz. Sie leisten unter Gesamtkosten-Gesichtspunkten einen größeren Beitrag zum Unternehmenserfolg und zum Kundennutzen als der "Billigmacher".

Aufgabe der Nahtstelle zum Beschaffungsmarkt wird daher sein, die Interessen des Unternehmens auf dem Beschaffungsmarkt zu verwirklichen bzw. die Verwirklichung zu ermöglichen und alle erforderlichen Lieferungen und Leistungen beschaffbar zu machen. Hierzu ist interne und externe Koordinierung und die Mitwirkung in funktionsübergreifenden Teams erforderlich.

(4) Disposition und Beschaffung

Bedarfserkennung und -deckung erfolgt unabhängig vom strategischen Einkauf. Wenn beim Einkaufsmarketing die strategische Erschließung des Beschaffungsmarktes gefragt ist, so ist in diesem Teil der Materialwirtschaft die operative Bedarfsdeckung, die Versorgungssicherung erste Aufgabe.

Für jedes identifizierte Material werden ein verantwortlicher Disponent/Beschaffer und die Dispositionsart festgelegt. Soweit erforderlich wird mit Hilfe des Einkaufsmarketings der vorgegebene Lieferant in den Entscheidungsprozeß bezüglich der Dispositionsart einbezogen. Dies ist bei vorgesehenen Just-in-Time-Prozessen unabdingbar.

Im operativen Geschäft reichen die Aufgaben von der Bedarfsermittlung bis zur Bedarfsdeckung beim Bedarfsträger. Dies schließt die Behebung von Vertragsstörungen (z. B. Terminverzug, Beanstandungen) und Störungen im Ablauf (intern) ein. Soweit der Austausch von Planzahlen mit Lieferanten vereinbart ist, kommt diese Aufgabe auch der Disposition und Beschaffung zu. Kurze Wege sind gefragt.

Wie bereits ausgeführt, soll die Disposition und Beschaffung bedarfsnah erfolgen. Demzufolge wird die Übertragung dieser Aufgabe auf den Bedarfsträger bevorzugt und - wo immer möglich - praktiziert. Die Abläufe, Kompetenz und Verantwortung sind gleich geregelt, wer auch immer für das einzelne Material verantwortlich ist.

Die Zuordnung der Verantwortung erfolgt einvernehmlich. Bei der Entscheidungsfindung ist dem Ablauf der Vorzug zu geben, der für die Versorgung des Unternehmens am zweckmäßigsten ist. Wenn auf Mitarbeiterebene keine Verständigung herbeigeführt werden kann, wird diese zwischen dem Leiter Materialwirtschaft und Logistik und dem Leiter des in Frage kommenden Fertigungszentrums herbeigeführt.

Kundenauftragsbezogene Materialien, die keine Identnummer tragen, werden in jedem Fall durch das entsprechende Fertigungszentrum beschafft. Investitionen, Kostenstellenmaterialien usw. werden immer zentral beschafft.

(5) Mitarbeiterschulung und Stellenbesetzung

Die Mitarbeiter werden durch Schulungen und praktische Unterweisungen zur Erfüllung ihrer sich wandelnden Aufgaben gefördert. Form und Umfang richten sich nach den Erfordernissen der jeweiligen Aufgaben.

Einkaufsmarketing

Im Einkaufsmarketing sind sechs Mitarbeiter und ein Abteilungsleiter (anteilig, da Personalunion mit Disposition und Beschaffung) tätig. Von den sechs Mitarbeitern sind fünf für den strategischen Einkauf eines bestimmten materialbezogenen Gebietes verantwortlich. Ein weiterer Mitarbeiter ist für Investitionen zuständig. Hierbei befaßt er sich auch mit dem operativen Part, da ablaufbedingt eine starke Vernetzung von strategischem und operativem Einkauf von Vorteil ist.

Disposition und Beschaffung

Soweit die Disposition und Beschaffung im Rahmen der Materialwirtschaft zentral ausgeübt wird, sind hierfür fünf Mitarbeiter, ein Gruppenleiter und ein Abteilungsleiter (anteilig, da Personalunion mit Einkaufsmarketing) verantwortlich. Die Mitarbeiter und der Gruppenleiter sind für ein auf Teile-Ebene festgelegtes Aufgabengebiet verantwortlich. Bei der Festlegung der einzelnen Gebiete fließen vor allem material- und lieferantenbezogene Überlegungen ein. Bei einem Lieferanten sollen möglichst wenige Disponenten/Beschaffer "in Wettbewerb zu einander" treten.

Alle Fertigungszentren verfügen in ihren Abwicklungsabteilungen über ihnen zugeordnete Disponenten/Beschaffer. Insgesamt sind sechs Mitarbeiter außerhalb der Materialwirtschaft mit Beschaffungsaufgaben befaßt.

(6) Kompetenz und Verantwortung

Alle Mitarbeiter sind in ihrem Aufgabengebiet voll verantwortlich. Die Kompetenzen werden durch das Materialwirtschaftshandbuch geregelt. Dies ist so gefaßt, daß die notwendigen Entscheidungshilfen für das "Tagesgeschäft" gegeben sind, andererseits der erforderliche Freiraum für den jeweiligen Mitarbeiter nicht durch unnötiges Regelwerk eingeengt wird. Das Materialwirtschaftshandbuch wird regelmäßig neuen Erfordernissen angepaßt.

Das Materialwirtschaftshandbuch ist auch für die in den Fertigungszentren tätigen Mitarbeiter gültige Arbeitsrichtlinie. Es gilt auch (mit kleineren Anpassungen an die dort gegebenen Strukturen) für die Tochtergesellschaft in Ferch.

92

Nach einer angemessenen Einarbeitungszeit haben alle Mitarbeiter Unterschriftsberechtigung, der Abteilungsleiter Handlungsvollmacht. Der Materialwirtschaftsleiter zeichnet mit Prokura.

Alle Bestellungen werden im Regelfall vom zuständigen Mitarbeiter zusammen mit einem Prokuristen oder Handlungsbevollmächtigten unterzeichnet. Lediglich Bestellungen über 100.000 DM werden vom Prokuristen (ersatzweise Handlungsbevollmächtigten) und einem Vorstandsmitglied unterzeichnet. Gleiches gilt für langfristige Verträge und entsprechende bindende Erklärungen.

(7) Zusammenarbeit mit anderen Unternehmensfunktionen

Die Zusammenarbeit mit anderen Funktionen im Unternehmen wird systematisch gesucht und ausgebaut. Hierzu tragen die Bildung und die Mitarbeit in folgenden funktionsübergreifenden Teams entscheidend bei:

-       Supply Management Teams (materialbezogen)
-       Make-or-Buy-Teams
-       Wertanalyse-Teams

In den Teams werden von gleichberechtigten Mitgliedern gemeinsame Entscheidungen getroffen oder vorbereitet. Der offene Austausch von Informationen und Meinungen trägt erheblich zum besseren Verstehen und Verständnis und damit zur gegenseitigen Akzeptanz bei. Ein Beispiel für ein Supply Management Team ist in Abbildung 24 dargestellt.

Gleiche Effekte gehen auch von der stärkeren Einbeziehung von Lieferanten in

-       Entwicklung (technische Zusammenarbeit)
-       Informationssysteme (Übermittlung von Planzahlen)
-       Qualitätssicherung
-       Wertanalyse

aus. Die stärkere Einbindung von Lieferanten in die internen Prozesse des Unternehmens und die Nähe von Disposition und Beschaffung zum Bedarfsträger führen nahezu zwangsläufig zu einer Verbesserung auch der internen Zusammenarbeit.

Abbildung 24: Beispiel für ein Supply Management Team
(Schematische Darstellung)

3.   Gründe für das organisatorische Konzept

(1) Trennung Einkaufsmarketing von Disposition und Beschaffung

Durch die Trennung des strategischen Einkaufs vom operativen Teil - mit Ausnahme der bereits erwähnten Investitionen - konnte den unterschiedlichen Erfordernissen der Lieferantenauswahl und -pflege einerseits und der Sicherung der Versorgung andererseits entsprochen werden. Bleiben beide Aufgaben in einer Hand, wird stets eine davon zu kurz kommen. Je nach Veranlagung wird bei jedem Mitarbeiter unterschiedlich die eine oder die andere Aufgabe bevorzugt. Diesen Zufälligkeiten wird mit der klaren Augabenstellung entgegengewirkt.

Wie bei jeder Aufgabenteilung besteht die Gefahr, daß wünschenswerte, sogar wichtige Informationen nicht übermittelt werden. Im Extremfall wählt der Mitarbeiter Einkaufsmarketing einen Lieferanten aus, von dem er überzeugt ist. Im Tagesgeschäft stellt sich heraus, daß dieser den Anforderungen, die an ihn gestellt werden müssen, nicht entsprechen kann. Die Gründe hierfür können in der Termineinhaltung oder in der Qualität liegen. Um die zu erwartenden Probleme im Keim zu ersticken, ist ein Lieferantenbewertungssystem installiert. Mit den Kriterien

-        Lieferqualität
-        Termineinhaltung
-        Kosten (Preise)

sind meßbare Kriterien gegeben, die eine weitgehend objektive Lieferantenbewertung möglich machen. Die Bewertung steht allen Beteiligten - auch dem beurteilten Lieferanten - zur Verfügung. Schon die Trennung strategischer und operativer Einkauf (Beschaffung) führt zwangsläufig dazu, daß alle Lieferanten mindestens zwei Ansprechpartner haben. Grundsätzliche Probleme werden mit einer anderen Person behandelt als die Probleme aus dem aktuellen Tagesgeschäft, z.B. eine konkrete Bestellung betreffend. Klare Aufgabenstellungen lassen dies vertretbar erscheinen. Grenzfälle werden im Rahmen der kollegialen Zusammenarbeit geklärt.

In der Einführungsphase waren zunächst persönliche Animositäten zu überwinden. Es darf kein Zweifel aufkommen, daß operativer und strategischer Einkauf zwar unterschiedliche Aufgaben darstellen, jedoch keinen unterschiedlichen Stellenwert haben. Die Disponenten und Beschaffer (operative Einkäufer) dürfen nicht Einkäufer zweiter Klasse sein oder sich entsprechend fühlen. Sie haben eine eigenständige Aufgabe und sind nicht die Hilfstruppe des strategischen Einkaufs, des Einkaufsmarketing.

(2) Beschaffung durch Fertigungszentren

Im Zuge der ablauforientierten Organisation ist die möglichst weitgehende Beschaffung durch die Bedarfsträger erforderlich. Da Ablaufverbesserung dem gesamten Unternehmen dient, ist diese mit Priorität zu versehen.

Die Aufgliederung der Beschaffung auf kleinere Einheiten ist jedoch nur dann vertretbar, wenn der strategische Einkauf als zentrale Funktion erhalten bleibt. Andernfalls wird der beschaffungsseitige Markteinfluß des Unternehmens fahrlässig aufs Spiel gesetzt. Optimierung der Lieferantenanzahl, stärkere Einbindung von Lieferanten in die internen Prozesse wären problematischer. Das Unternehmen könnte nicht mehr mit einer Zunge reden.

Die Nähe zum tatsächlichen Bedarf führt zu mehr sachlicher Kompetenz in den Dispositions- und Bestellentscheidungen. Dies hat eine bessere Versorgung bei geringeren Beständen zur Folge. Nach dem Verursacherprinzip werden Versäumnisse selbst - mit Hilfe der Lieferanten - ausgebügelt und nicht auf andere abgeladen. Dies hat auch einen erzieherischen Wert.

Um diese Vorteile nutzen zu können, müssen jedoch einige Grundvoraussetzungen erfüllt sein, und zwar:
- Die betroffenen Mitarbeiter müssen voll in die Abläufe beim Bedarfsträger integriert sein. Dies gilt auch für die disziplinare Einordnung und die Regelung der Vertretung.
- Die dem Bedarfsträger zugeordneten Mitarbeiter müssen entsprechend qualifiziert sein oder kurzfristig eingearbeitet werden.
- Diese Mitarbeiter müssen in die Lage versetzt werden, ihre Aufgabe in der gleichen Art und Weise zu bewältigen, wie dies für die Mitarbeiter in der zentralen Funktion gilt.
- Auch diese Mitarbeiter müssen in das Informationssystem des strategischen Einkaufs eingebunden sein.
- Den betroffenen Mitarbeitern muß ausreichend Kompetenz und Verantwortung zugeteilt worden sein oder werden.
- Unabhängig von der disziplinaren Zuordnung muß die fachliche Anbindung an die Materialwirtschaft erhalten bleiben.

4.   Resümee

Die beschriebene Organisation im Sinne einer integrierten Materialwirtschaft hat sich über Jahre bewährt. Sie hatte Bestand bis zur Umstrukturierung der Unternehmensgruppe. Das machte eine neue Organisation erforderlich, die auch Auswirkungen auf die Strukturen von Materialwirtschaft, Einkauf und Logistik der zusammengeschlossenen Gesellschaften haben mußte.

3. Praxisbeispiel

Von der Aufbau- zur Prozeßorganisation: Der Einkauf in einer veränderten Unternehmensorganisation bei der rotring GmbH

Rainer Stehmeier

1.   Allgemeine Informationen

(1) Die rotring Unternehmensgruppe

Innerhalb der rotring Unternehmensgruppe werden unterschiedliche Marktsegmente bearbeitet. Dies sind im wesentlichen:

- Technisches Zeichnen (manuell und elektronisch gesteuert)
- Schreibgeräte
- Künstlerbedarf
- Kosmetik

rotring versteht sich dabei - mit Ausnahme der Kosmetikaktivitäten, die nicht unter eigenem Namen vermarktet werden - als Anbieter hochwertiger Markenartikel mit dem Ziel, in den jeweiligen Marktsegmenten weltweit die Marktführerschaft zu erringen. Geführt wird die Gruppe von einer Holding mit Sitz in Hamburg, die die weltweiten Interessen koordiniert und steuert.

Der Unternehmensverbund setzt sich zusammen aus diversen Vertriebsgesellschaften mit Schwerpunkt in Europa und Produktionsgesellschaften in Deutschland und in der USA. Die größte Unternehmenseinheit ist die rotring GmbH, Hamburg, mit der sich der folgende Beitrag auseinandersetzt.

Weltweit werden ca. 2.500 Mitarbeiter beschäftigt, in der rotring GmbH knapp 1.100. Der Umsatz 1993 betrug in der Gruppe über 500 Mio. DM, wovon knapp 200 Mio. DM auf die rotring GmbH entfielen.

(2) Die rotring GmbH

Die rotring GmbH versteht sich als ein internationales, innovatives Unternehmen, das Produkte zum manuellen und computergestützten Zeichnen und Schreiben in hoher Qualität und leistungsfähiger Funktion entwickelt, produziert und weltweit vertreibt.

Sämtliche Produkte werden - zum Teil in Zusammenarbeit mit Lieferanten - bei rotring entwickelt, alle "key-products" - das sind im wesentlichen A-Produkte - bei rotring produziert. Die Fertigungstiefe für diese Produkte, das heißt die eigene Wertschöpfung schwankt gemessen an den Herstellkosten zwischen 20 und 65 %.

Die Fertigungsschwerpunkte und die Kernkompetenzen von rotring liegen in der Entwicklung und Produktion von Spritz- und Drehteilen in kleinen Dimensionen mit extrem geringen Toleranzen und in der Entwicklung und Produktion von Zeichen- und Schreibmedien.

2.   Organisationsprinzipien der rotring GmbH

Der Einkauf ist dem Geschäftsführer des Produktbereitstellungscenters (siehe Abbildung 25) direkt unterstellt.

Zum besseren Verständnis der Aufgaben und Kompetenzen des Einkaufs und zur Art der Zusammenarbeit mit anderen Abteilungen erscheint es deshalb angebracht, zuerst die allgemeinen Organisationsprinzipien des Unternehmens zu erläutern.

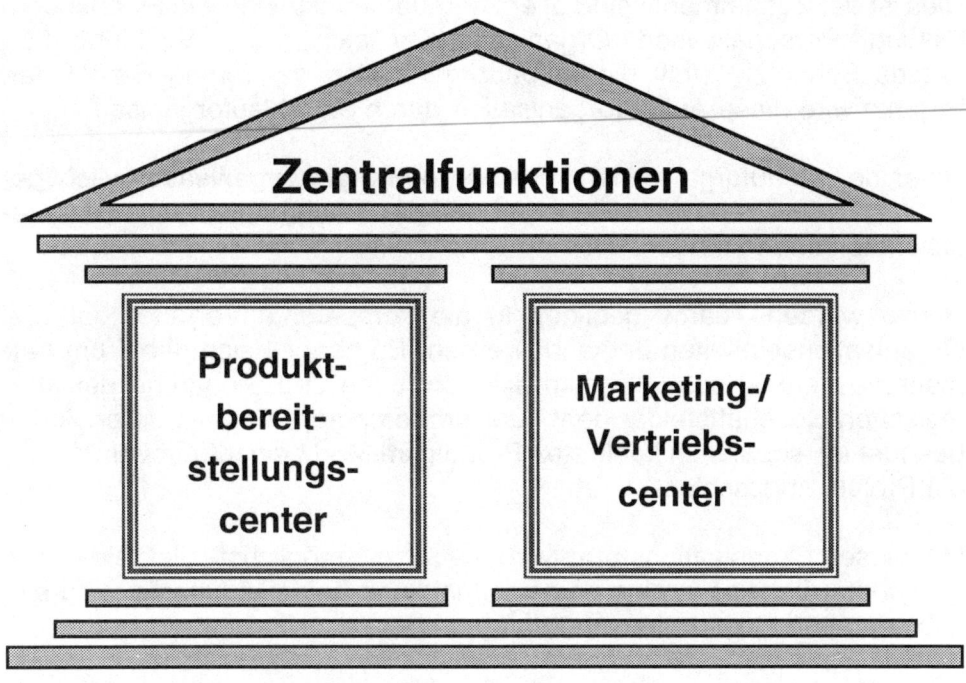

Abbildung 25: Aufbauorganisation der rotring GmbH

Die rotring GmbH Hamburg besteht aus drei großen Organisationseinheiten, die von der Geschäftsleitung geführt werden.
Diese sind:

a) Das Produktbereitstellungscenter:
In diesem Center werden die Funktionen Fertigung, Forschung & Entwicklung und Logistik mit den Teilfunktionen Einkauf, Produktionsplanung, Disposition, Arbeitsvorbereitung, Fertigungssteuerung und Lager zusammengefaßt.

b) Das Marketing & Vertriebscenter:
In diesem Center werden die vier Vertriebsbereiche Europa, Osteuropa, Deutschland und der Rest der Welt (Asien, Afrika, etc.) und der Marketingbereich vereinigt.

c) Die Zentralfunktionen

Dies ist der Zusammenschluß aller zentralen Funktionen wie Finanzbuchhaltung, Personalwesen, Organisation/DV etc. (siehe Abbildung 25). Dieses Schaubild stellt die Aufbauorganisation der rotring GmbH dar. Ergänzt wird diese Aufbauorganisation durch die Ablauforganisation.

Unter der Ablauforganisation wird bei rotring die Organisation wichtiger Produkt- bzw. Projektentwicklungen und die Steuerung strategischer Geschäftsfelder verstanden.

Hierzu werden Teams gebildet, in die kompetente Vertreter der drei Organisationseinheiten entsandt werden. Es handelt sich dabei um permanente Teams, sofern es um die Betreuung und Steuerung der strategischen Geschäftsfelder geht oder um temporäre Teams, deren Arbeit beendet ist, sobald ein konkretes Produkt im Markt eingeführt wurde oder ein Projekt abgeschlossen ist.

Mit dieser Organisationsform wird versucht, möglichst alle relevanten Personen frühzeitig in eine gemeinschaftliche Entscheidungsfindung einzubinden und Ressortdenken zu vermeiden.

Diese Teams bilden somit die Basis der Aufbauorganisation, wobei im Konfliktfall die Ablauforganisation Vorrang vor der Aufbauorganisation hat. Konfliktsituationen können immer dann auftreten, wenn in der Auf- und in der Ablauforganisation unterschiedliche Prioritäten insbesondere in zeitlicher Hinsicht gesetzt werden.

Eine schematische Darstellung befindet sich in Abbildung 26.

Das dritte Element der Oranisation ist die räumliche Zuordnung. rotring geht davon aus, daß in möglichst kleinen Regelkreisen, unter Beachtung der räumlichen Nähe, Projekte schneller und effizienter abgearbeitet werden können. Deshalb werden Mitarbeiter - auch Mitarbeiter des Einkaufs -, die spezielle Projekte oder strategische Felder bearbeiten, räumlich unabhängig von ihrer funktionalen Anbindung zusammengesetzt.

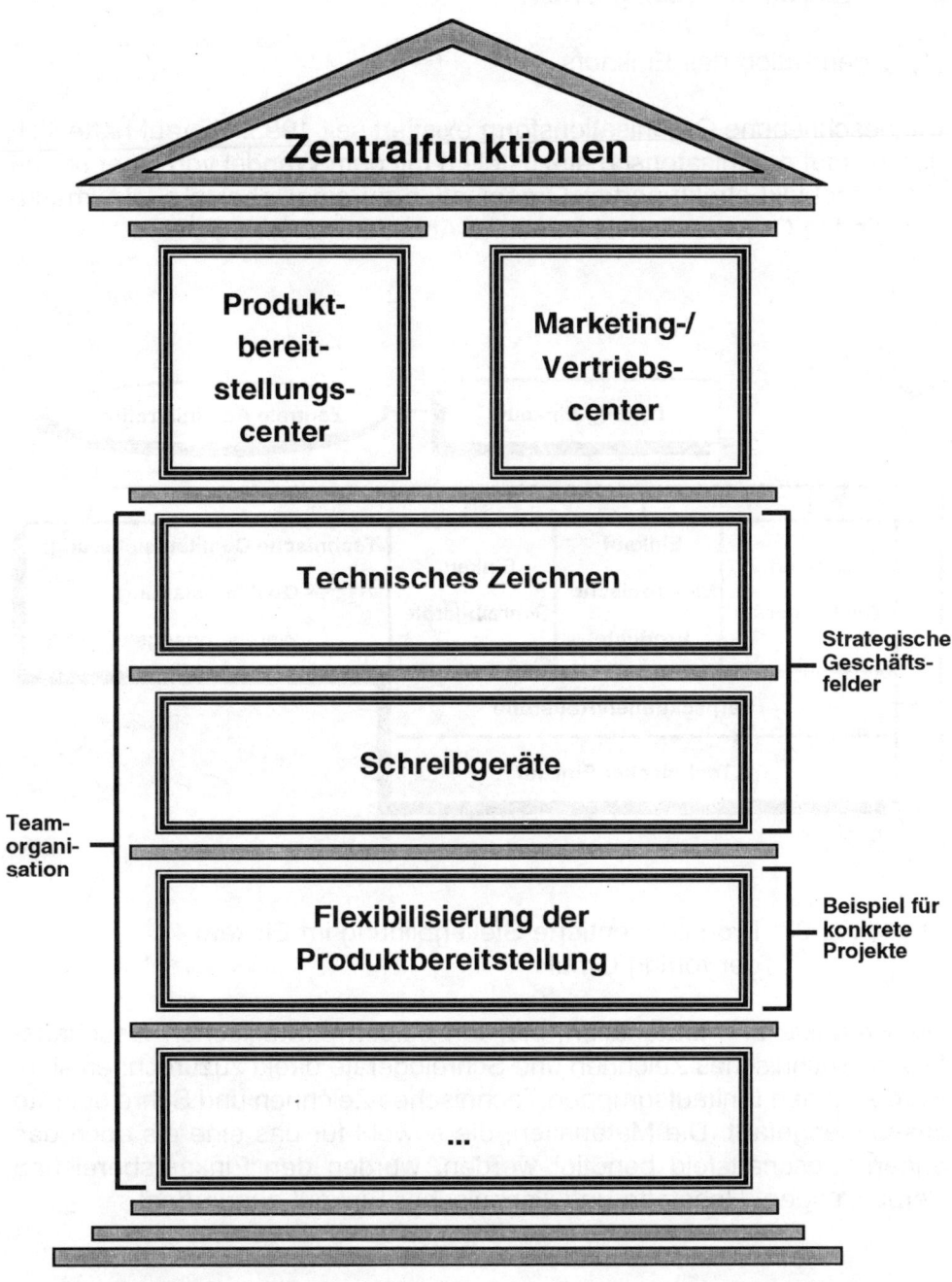

Abbildung 26: Teamorientierte Ablauforganisation der rotring GmbH

3.   Einkauf der rotring GmbH

(1) Organisation des Einkaufs

Die beschriebene Organisationsform existiert seit 1993. Hierauf hatte sich der Einkauf organisatorisch einzustellen mit dem Wandel von einer reinen Einkaufsobjekt-strukturierten Organisation zu einer eher produkt-/markt-orientierten Organisationsform (siehe Abbildung 27).

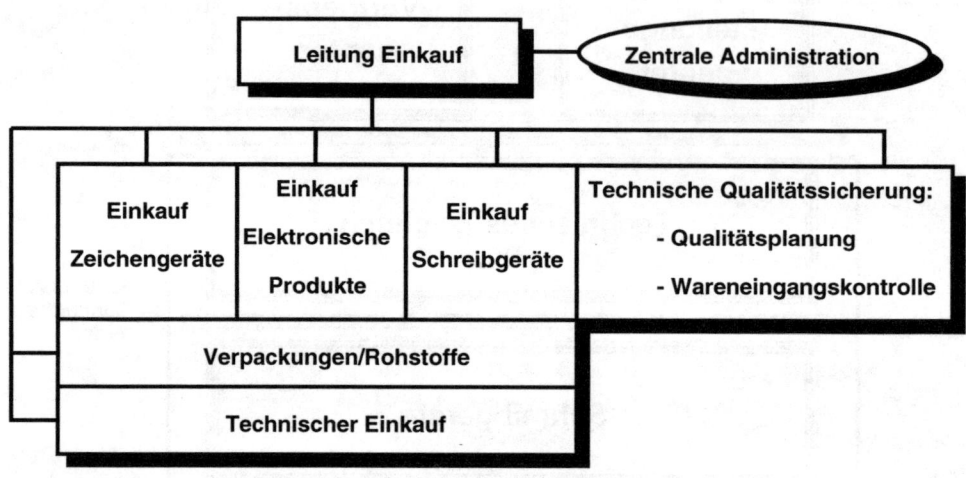

Abbildung 27: Produktorientierte Stellenbildung im Einkauf
der rotring GmbH

Die Produkte und Materialien, die den beiden strategischen Geschäfts-feldern Technisches Zeichnen und Schreibgeräte direkt zuzurechnen sind, wurden in den Einkaufsgruppen Technisches Zeichnen und Schreibgeräte zusammengefaßt. Die Materialien, die sowohl für das eine als auch das andere Geschäftsfeld benötigt werden, wurden den Einkaufsbereichen Verpackungen, Rohstoffe und Technischer Einkauf zugeordnet.

102

Fachlich und disziplinarisch unterstellt wurde der Einkaufsleitung die Qualitätssicherung und die Wareneingangskontrolle, die in sich wiederum in Schreibgeräte und Technisches Zeichnen aufgeteilt ist.

Ziel dieser Maßnahme ist ebenfalls - wie oben beschrieben - möglichst kleine Regelkreise zu schaffen mit klaren, abgeschlossenen Verantwortungsbereichen. So ist der Einkauf gundsätzlich für die Qualität aller Materialien für die laufende Produktion verantwortlich und verfügt aufgrund dieser organisatorischen Zuordnung auch über die Mittel, diese Verantwortung zu tragen.

Nahezu alle Mitarbeiter des Einkaufs sind temporär einmal wöchentlich oder einmal monatlich in diversen Teams vertreten (Strategische Geschäftsfelder, Projekte, Produkte).

Von allen Mitgliedern wird interdisziplinäre Zusammenarbeit und eine eindeutige "Ownership-Haltung" erwartet.

Dieses ist ebenfalls ein zentraler Punkt der Reorganisation.

Alle Mitglieder haben sich die Frage zu stellen:
Wie würde ich als Unternehmer handeln? Welches ist der sicherste und kostengünstigste Weg, dieses Produkt zu entwicklen und zu produzieren?

Sofern diese Einstellung gelebt wird, entfallen die - oft emotional besetzten - Make-or-Buy-Entscheidungen bereits im Vorfeld der Diskussionen.

(2) Aufgaben und Schwerpunkte des Einkaufs

Der Einkauf der rotring GmbH bewältigt mit 25 Mitarbeitern (incl. Qualitätssicherung und Wareneingangskontrolle) ein Einkaufsvolumen von jährlich etwa 100 Mio. DM.

Innerhalb der rotring-Unternehmensgruppe erfolgt der Einkauf überwiegend dezentral, das heißt in der Verantwortung der einzelnen selbständigen Unternehmen. Ausnahmen bilden die Materialien, die von mehreren produzierenden rotring-Werken genutzt werden. Federführend ist hierbei nicht zwangsläufig die rotring GmbH, sondern die Unternehmenseinheit, die über das größte Einkaufsvolumen verfügt und nachweislich - der Zentraleinkauf koordiniert und prüft im Sinne eines Controlling - die günstigsten Preise unter Beachtung der relevanten logistischen Kosten erzielt. Innerhalb der rotring GmbH erfolgt eine zentrale Beschaffung. Für über 90 % aller Produktionsmaterialien und Handelswaren werden Halbjahres- oder Jahreskontrakte mit unverbindlichen Planmengen abgeschlossen. Die Abteilung Produktionsplanung und Disposition ruft aus diesen Kontrakten die konkreten Bedarfe beim Lieferanten ab. Ihr obliegt dabei die gesamte Bestellabwicklung und die Terminüberwachung.

Die Hauptaufgaben des Einkaufs sollen exemplarisch an der Entstehung eines neuen Produktes dargestellt werden:

Produkt im Zeitablauf

Projektierung
- Generelle Beratung über Marktmöglichkeiten,
- detaillierte Beschaffungsmarktforschung incl. Lieferantensuche,
- Anfragen,
- Angebotsvergleich,
- Vorbereitung Grobkalkulation,
- Make-or-Buy-Untersuchung,
- Lieferantenbeurteilung (Audit),
- Verhandlung,
- erste Bestellung.

Vor - O - Serie
- Lieferantenkommunikation,
- Qualitätsplanung,
- Erstellen Qualitätsbeschreibungsblätter,
- Festlegen Prüfmethode, -pläne,
- Abschlußverhandlung (Zielpreisermittlung),
- Erstellen Kontrakt,
- erster Abruf.

O - Serie
- Reklamationsbearbeitung,
- Optimierung mit Lieferanten.

Serie
- Übernahme der Qualitätsverantwortung,
- Wareneingangsprüfung, sofern nicht Fremdprüfungsverträge vorliegen,
- Sperrungen / Ursachenermittlung,
- Sonderfreigabe,
- Erfassung Prüf-/Qualitätskosten
- Lieferantencontrolling.[1)]

Je nach Anzahl der zu bearbeitenden Projekte und der Leistungsfähigkeit der Lieferanten liegen die Schwerpunkte der Arbeit von Facheinkäufer zu Facheinkäufer sehr unterschiedlich.

Wichtige Teilfunktionen sind auf jeden Fall die Suche geeigneter potentieller Lieferanten und das Lieferantencontrolling. Hierzu soll im folgenden näher eingegangen werden. Wie bereits erwähnt, strebt die rotring GmbH an, alle "Key-products", sofern sie in die Kernkompetenzen der Fertigung fallen, selbst zu produzieren. Alle anderen Produkte (Handelswaren) und die wesentlichen Zukaufteile (Komponenten) werden zumindest von rotring entwickelt und gestaltet. Aus diesem Grund ist der Anteil der formgebundenen bzw. spezifisch für rotring entwickelten Produkte und Komponenten sehr hoch.

Allein aus Kostengründen ist es deshalb in der Regel nicht möglich und angebracht, mehr als einen Lieferanten pro zu beschaffendem Material aufzubauen. Hinzu kommen die Bestrebungen, die Lieferanten sehr frühzeitig in die Entwicklung einzubinden (Simultaneous Engineering). Dies führt zu einer sehr frühzeitigen Festlegung auf einen Lieferanten, mit den bekannten Chancen und Risiken. Der Einkauf betrachtet diese Entwicklung als eine Herausforderung und forciert sie.

Zur Lösung dieser Aufgabe stehen zwei Hilfsmittel zur Verfügung
a) die Lieferantenbeurteilung vor Vertragsabschluß
b) die Lieferantenbewertung ab Lieferung.

Die Lieferantenbeurteilung ist ein von rotring entwickeltes Instrumentarium, um die potentielle Eignung eines Lieferanten in bezug auf ein zu produzierendes Produkt im Vorfeld abzuschätzen.

[1)]   siehe Hartmann / Pohl / Spohrer, a.a.O., S. 17f.

Die Lieferantenbewertung ist demgegenüber eine Methode, die Qualität bestehender Lieferantenverbindungen objektiv zu messen. Die Ergebnisse werden zum Lieferanten kommuniziert. Beide Instrumente sind die wohl wichtigsten Hilfsmittel für den Einkauf.

Im Vordergrund der Beurteilung bzw. Bewertung steht die technische und kaufmännische Qualität der Lieferantenbeziehung. Zur technischen Qualität gehört die produktionssichere Belieferung mit Teilen nach definierten technischen Spezifikationen, zur kaufmännischen Qualität zählt die problemlose Abwicklung und die Einhaltung der logistischen Mindestanforderung wie kurze Wiederbeschaffungszeiten, minimale Losgrößen, Termintreue etc.

Hat ein Lieferant beide Beurteilungen gut durchlaufen, kann er sicher sein, ein langfristiger Partner der rotring GmbH zu sein. Die durchschnittliche "Verweildauer" eines Lieferanten beträgt zur Zeit über 10 Jahre. Alternative Lieferquellen werden bei A-Teilen einmal jährlich und bei B- sowie C-Teilen alle 2 Jahre angefragt.

Als unterstützende Maßnahme sollen mit allen A- und B-Lieferanten Qualitätsvereinbarungen in Form von Fremdprüfungsverträgen und - wo immer sinnvoll - JiT-Vereinbarungen getroffen werden.

Die Anforderungen an nationale und internationale Lieferanten sind grundsätzlich identisch. Bei der internationalen Beschaffung liegen die Schwerpunkte in Asien, Amerika und Südeuropa.

Die Erschließung des Beschaffungsmarktes Osteuropa befindet sich im Aufbau.

Hintergrund dieser Maßnahme ist das Selbstverständnis des Einkaufs, den Beschaffungsvorgang über die gesamte logistische Kette und die Wirkung auf die anschließende Wertschöpfung im Hause rotring zu analysieren und zu optimieren.

4.   Resümee

Der Einkauf der rotring GmbH ist eingebettet in die Gesamtorganisation der rotring GmbH und hat sich damit den Herausforderungen dieser Gesamtorganisation zu stellen. Der Einkauf ist deshalb im wesentlichen produktgruppen-/marktorientiert organisiert und nur dort, wo Mengen und Konzentrationsvorteile greifen, Einkaufsobjekt-strukturiert.

Dem Einkauf obliegt im wesentlichen der kreative (operativ-strategische) Teil der Beschaffung. Die dispositiven Tätigkeiten einschließlich Bestellabwicklung und Terminverfolgung werden in der Dispositionsabteilung durchgeführt.

Der Einkauf der rotring GmbH ist in allen wesentlichen Produkt- und Projekt-Teams vertreten. In diesen Teams diskutieren Technik, Vertrieb, Marketing und die Logistik die entscheidungsrelevanten Anforderungen an die Produkte und die Bearbeitung der strategischen Geschäftsfelder. Ein Grundprinzip der Arbeit ist, zu einstimmigen Ergebnissen und Empfehlungen zu kommen. Dadurch dauert die Entscheidungsfindung häufig länger als bei vergleichbaren Unternehmen. Die Realisierung ist jedoch schneller und effizienter. Insgesamt ist es dadurch gelungen, neue Produkte schneller auf den Markt zu bringen als in der Vergangenheit.

Eine wesentliche Voraussetzung hierfür ist die frühe Einbindung geeigneter Lieferanten. Dieses ist ein wichtiger Beitrag des Einkaufs in den Teams. Insgesamt hat die neue Organisationsform zur weiteren Qualifizierung der Mitarbeiter und zu höherer Effizienz des Unternehmens geführt.

4. Praxisbeispiel

Strategisch orientierter Initial-Einkauf bei der Philips Wägetechnik GmbH

Manuela Stoebe

1. Zum Unternehmen

Die Philips Wägetechnik GmbH mit Firmensitz in Hamburg gehört zu den deutschen Philips Unternehmen, die eine der größten Organisationen im Firmenverband der 1891 gegründeten Philips Electronica N.V. mit Hauptsitz in Eindhoven/Niederlande bilden. Die deutsche Philips Organisation mit der heutigen Dachgesellschaft, der Philips GmbH, umfaßt die Unternehmensbereiche Licht, Unterhaltungselektronik, Elektro-Hausgeräte, Bauelemente und Halbleiter, Medizin sowie Industrielle Systeme.

Die Philips Wägetechnik GmbH ist mit ihren Hauptproduktgruppen Wägezellen, Auswertungseinrichtungen und kundenorientierten Projektlösungen im Bereich der Meßtechnik tätig. Mit ca. 408 Beschäftigten wurde 1993 ein Umsatz von ca. 100 Millionen DM erzielt.

Zur Sicherung der Wettbewerbsfähigkeit ist Ende 1993 eine prozeßorientierte Neuorganisation mit einer hohen Kundenorientierung vorgenommen worden. Abbildung 28 zeigt die Organisationsstruktur der Unternehmung.

Der Kunde hat innerhalb der Teams Load Cells, Geräte/Systeme/Applikationen und Projektlösungen einen ständigen Ansprechpartner für seine Belange. Zur Erhöhung der erforderlichen Flexibilität wurden die Hierarchiestufen auf drei abgebaut und funktionsübergreifende Teams gebildet. Eine Reduzierung der Fertigungstiefe mit Beibehaltung der Kernaktivitäten wird auch hier verfolgt. Die zur Zeit in vier bis fünf Stufen vorgenommene Einzel- und Kleinserienfertigung soll auf zwei bis drei Stufen reduziert werden.

Die Abteilung Einkauf und Beschaffung ist neben den Abteilungen operationelle und physische Logistik im Bereich Logistik eingegliedert. Die operationelle Logistik umfaßt die Aufgabengebiete der Fertigungssteuerung, Produktionsplanung und Steuerungssysteme (PPS). Zur physischen

Logistik gehören das Lagerwesen, die Warenannahme, die Wareneingangskontrolle, die Expedition und das Fertigwarenlager.

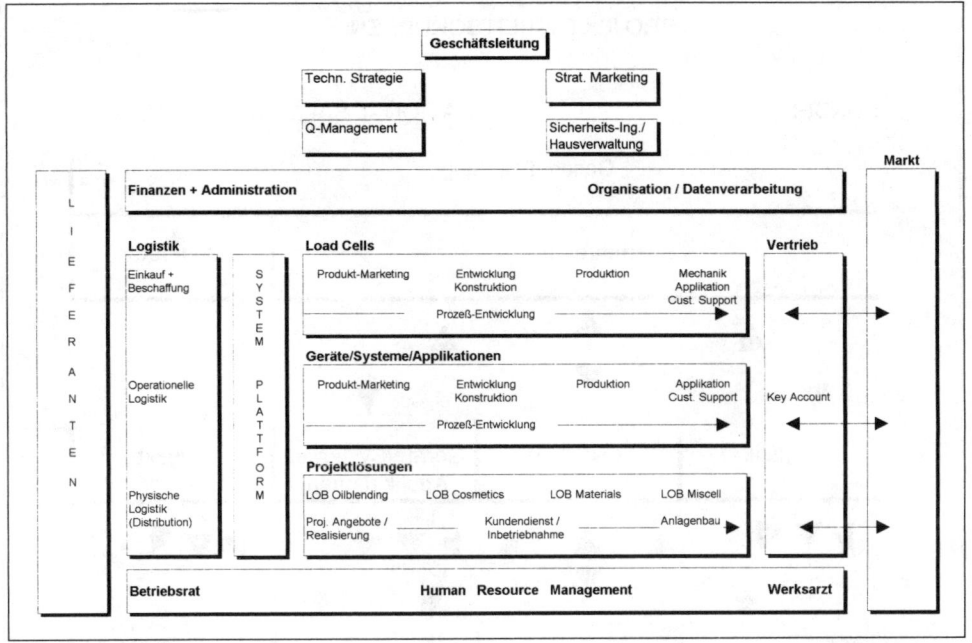

Abbildung 28: Organisationsstruktur der Philips Wägetechnik GmbH

Der Leiter der Abteilung Einkauf und Beschaffung ist gleichzeitig Sprecher
des Bereiches Logistik und vertritt diesen im Spartenteam (vgl. Abbildung
29). Dieses tritt alle 14 Tage zusammen, besteht aus ca. 15 Mitgliedern
und trifft unternehmenspolitische Entscheidungen, die von Arbeitsgruppen
vorbereitet werden.

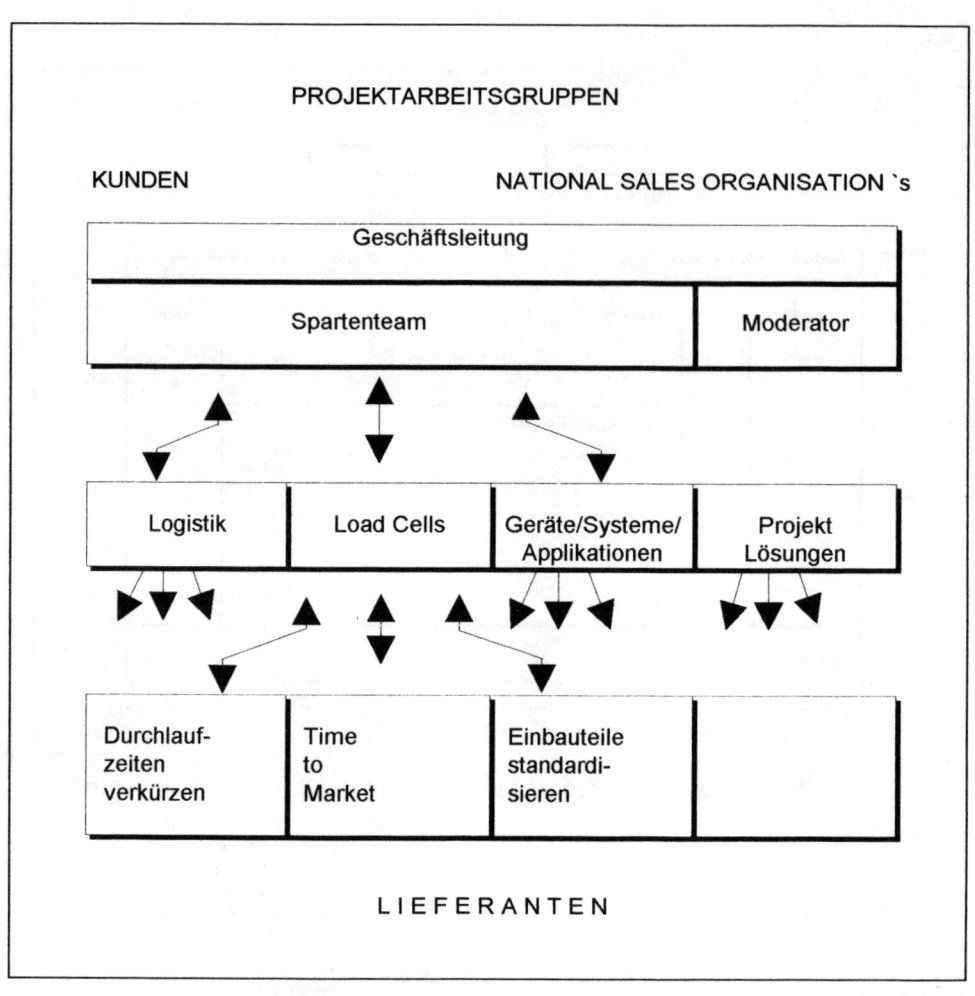

PROJEKTARBEITSGRUPPEN

KUNDEN   NATIONAL SALES ORGANISATION `s

Geschäftsleitung	
Spartenteam	Moderator

Logistik	Load Cells	Geräte/Systeme/ Applikationen	Projekt Lösungen

Durchlauf- zeiten verkürzen	Time to Market	Einbauteile standardi- sieren	

LIEFERANTEN

Abbildung 29: Spartenteam bei der Philips Wägetechnik GmbH

110

2. Objektorientierte Aufgabenverteilung zwischen Initial-Einkauf und Bestellabwicklung

Die Einkaufsabteilung, die 8,5 Mitarbeiter beschäftigt und ein Beschaffungsvolumen von ca. 25 Millionen DM aufweist[1], ist wie folgt gegliedert.

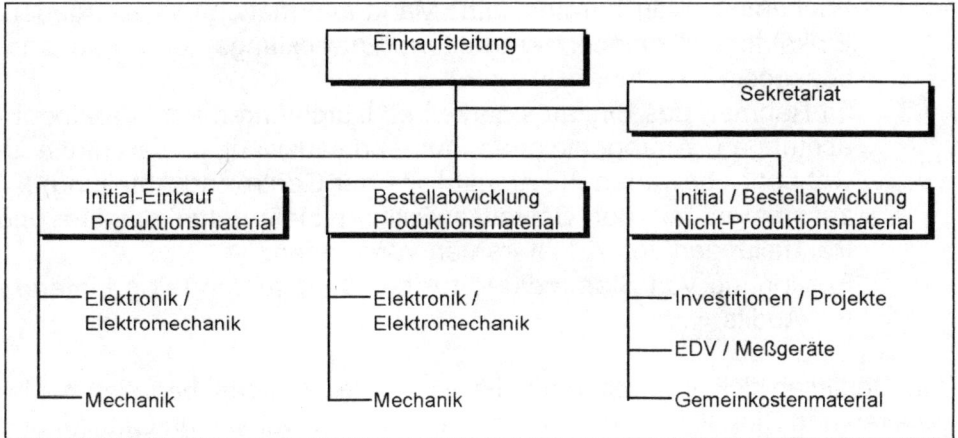

Abbildung 30:
Organigramm der Einkaufsabteilung mit Aufgabenteilung Initial-Einkauf und Bestellabwicklung bei der Philips Wägetechnik GmbH.

Die Darstellung verdeutlich, daß eine Gliederung nach strategischen und operativen Aufgaben vorgenommen worden ist. Der Initial-Einkäufer schafft durch seine Tätigkeit die Basis für eine effiziente, kontinuierliche Beschaffungstätigkeit in der Bestellabwicklung von der Idee bis zur Serienreife. Weiter entlastet er die Entwickler von Markt- und Beschaffungsfragen und bietet Funktionslösungen an. Durch seine Arbeit soll die günstigste Beschaffung gesichert werden.

---

[1] Es werden hier nur die Fabrikeinkäufe berücksichtigt, so daß eine Relation zum Verkaufsumsatz nicht hergestellt werden kann. Im übrigen wird sich durch die verfolgte Politik des Outsourcing - die Blechbearbeitung und Trafofertigung wurden bereits ausgelagert - die Materialintensität weiter erhöhen.

Einzelne Aufgaben des Initial-Einkäufers sind u.a.:

-   Durchführen von Sonderaufgaben wie Value Engineering, Make-or-Buy-Analysen, Arbeitsgruppen-Mitarbeit, Normierung/Standardisierung,
-   Mitarbeiten in der Änderungskommission und Beschlußweitergabe an die Bestellabwicklung,
-   Fachabteilungen beraten, d.h. Markt-Informationen weitergeben, Einkaufspezifikationen erarbeiten, Entwicklungs- und Koordinationsgespräche führen,
-   im Rahmen des Einkaufsmarketing: Durchführen von Marktbeobachtungen, Anfrageaktionen, Angebotsauswahl, Lieferantenauswahl und -bewertung (evtl. mit Hilfe der Controlling-Abteilung)
-   zusammen mit der Bestellabwicklung Lieferantenkontakte und Beurteilungen von A-Lieferanten vornehmen,
-   Festlegung von Stammdaten für die Durchführung von Lieferanten-Audits.

Die Bestellabwicklung beschafft die vom Unternehmen benötigten Materialien und Dienstleistungen rechtzeitig in der gewünschten Qualität und Menge und sichert die günstigsten Beschaffungswege.

Einzelne Tätigkeiten der Bestellabwicklung sind u.a.:

-   Anfrageaktionen in Absprache mit dem Initial-Einkäufer, d.h. unter dessen Federführung, vornehmen,
-   Lieferantenkontakte und -beurteilungen in Zusammenarbeit mit dem Initial-Einkäufer durchführen,
-   Bestellungen bis 3.000 DM tätigen (bis 20.000 DM zusammen mit Initial-Einkäufer),
-   Einkaufs- und Vergabeverhandlungen über den festgelegten Wert vorbereiten,
-   Auftragsbestätigungen bearbeiten,
-   Terminverfolgung durchführen,
-   Fehlteile bearbeiten.

Die Zusammenarbeit ist so gestaltet, daß der Initial-Einkäufer und der Bestellabwickler als Team räumlich zusammengefaßt sind und den gleichen Stellenwert genießen, wobei die bei der Stellenbesetzung zugrunde liegenden Anforderungen durchaus unterschiedlich sind. Im Rahmen der

teamorientierten Organisation und des Aufgabengebietes des Initial-Einkäufers ist dieser ständig in ca. fünf bis sechs Arbeitsteams integriert.

Die Aufgabenteilung des Initial-Einkäufers und der Bestellabwicklung kann
man an einem Zeitstrahl verdeutlichen.

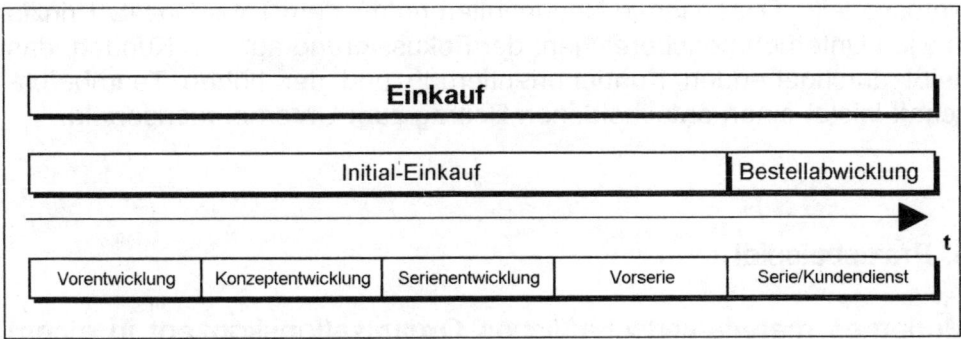

Abbildung 31: Darstellung der Schnittstelle zwischen Initial-Einkauf und
Bestellabwicklung bei der Philips Wägetechnik GmbH
anhand eines Zeitstrahls

Bei Nicht-Produktionsmaterial ist auf eine Aufgabenteilung zwischen
Initial-Einkauf und Bestellabwicklung verzichtet worden, da es sich zum
einen um geringwertige Positionen (GwG's) handelt, zum anderen um
EDV/Meßgeräte und Investitionen/Projekte, bei denen jeder Einkaufs-
vorgang relativ einmalig ist und eine individuelle Abwicklung verlangt.

Die Materialdisposition wird bei Philips Wägetechnik vollautomatisiert
durchgeführt. Die Bestellvorschläge gelangen direkt zum zuständigen
Bestellabwickler. Diesem obliegt auch die Überwachung der Disposi-
tionsregeln bzw. Parameter.

3.   Resümee

Die Philips Wägetechnik GmbH hat durch den Einsatz des Initial-Einkäufers eine starke strategische Ausrichtung des Einkaufs erreicht. Dieses
Konzept, in dem der Initial-Einkäufer durch den Bestellabwickler von den
operativen Aufgaben entlastet wird und sich auf die strategischen und
marktgerichteten Aufgaben konzentrieren kann, schafft hohe Wettbe-
werbsvorteile. Die gesamte Neuorientierung mit dem Total-Quality-Prinzip
in allen Unternehmensbereichen, der Fokussierung auf den Kunden, das
heißt durchgehenden Kundenorientierung und der hohen Teambereit-
schaft leistet einen entscheidenen Beitrag zum Unternehmenserfolg.

5. Praxisbeispiel

Modernes materialwirtschaftliches Organisationskonzept in einem Kleinunternehmen, der Krueger Apparatebau GmbH & Co. KG

Manuela Stoebe

1.   Zum Unternehmen

Die Krueger Apparatebau GmbH & Co. KG mit Firmensitz in Hamburg-
Schenefeld ist seit Ende 1994 eine 100%ige Tochtergesellschaft der
Schaltbau AG, München. Das Unternehmen stellt Geräte und Informationssysteme für elektrische Bahnen, Busse und Flughäfen her. Der
Bereich Gerätebau ist eine reine Auftragsfertigung. Die Informations-
systemherstellung ist eine Mischform aus einer Lagerfertigung der Komponenten und einer auftragsbezogenen Zusammenstellung. Das Unternehmen, das 1993 mit 80 Mitarbeitern einen Umsatz von ca. 29,5 Millionen DM ausweisen konnte, ist funktional gegliedert. Abbildung 32
verdeutlicht dieses.

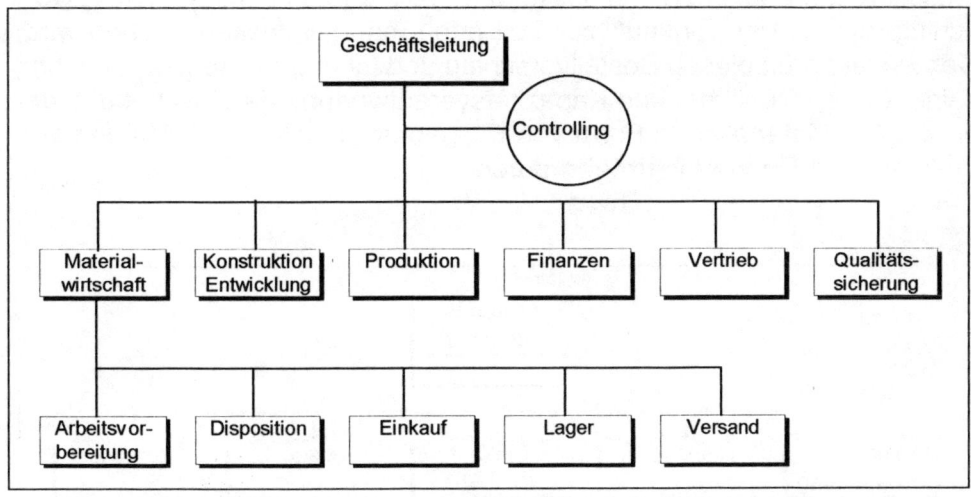

Abbildung 32: Organisationsstruktur der
Krueger Apparatebau GmbH & Co. KG

2.   Funktional orientierte Abteilungsgliederung der Materialwirtschaft

In dem Bereich Materialwirtschaft der Krueger Apparatebau GmbH & Co. KG sind zehn Mitarbeiter in den in Abbildung 33 dargestellten Abteilungen beschäftigt:

Das Einkaufsvolumen betrug 1993 ca. 14 Millionen DM. Davon wurden ca. 61 % über Abrufe basierend auf Rahmenverträgen, getätigt. Um dieses Beschaffungsvolumen mit 1,5 Mitarbeitern auszuführen, ist eine hohe Systemunterstützung nötig. In der Krueger Apparatebau GmbH & Co. KG findet eine für das Unternehmen entwickelte Software mit einem integrierten PPS-System Anwendung.

Die Disposition wird plangesteuert mit einer Nettobedarfsrechnung durchgeführt. Dabei werden von den geplanten Verkäufen oder vorliegenden Verkaufsaufträgen mit Hilfe von Stücklisten deterministisch die Sekundärbedarfe abgeleitet. Der Disponent erarbeitet aufgrund seiner aktuellen Informationen mit Hilfe des EDV-Systems einen Bestellvorschlag, der an den Einkauf, zur Zeit noch manuell, weitergegeben wird. Der Einkauf prüft diesen Bestellvorschlag und führt unter Berücksichtigung seiner Preis-, Qualitäts- und Kapazitätsverantwortung die Beschaffung der benötigten Materialien in Form von Einzelbestellungen oder Abrufen von bestehenden Rahmenverträgen durch.

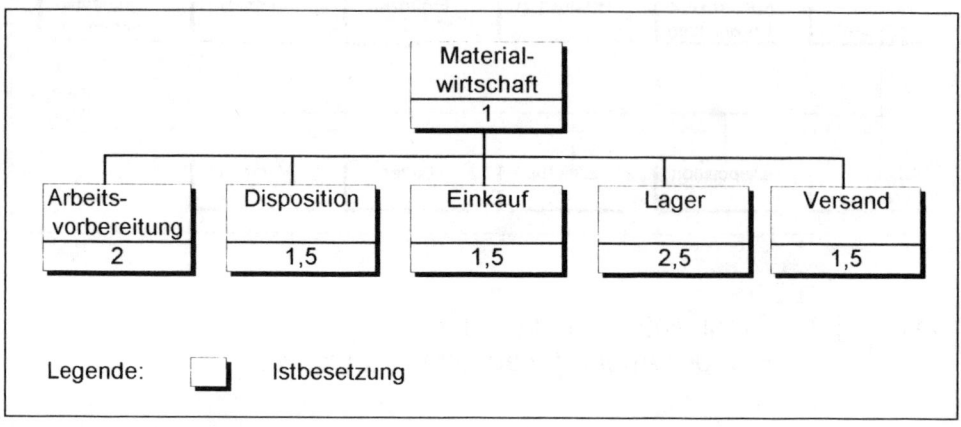

Abbildung 33: Organisationsstruktur des Bereiches Materialwirtschaft der Krueger Apparatebau GmbH & Co. KG

Der Aufforderung an den Einkäufer, neue Produkte und Bezugsquellen zu entdecken, wird durch Gespräche mit Lieferanten, Kontakte mit Verkäufern, Besuche von Messen und Fachliteraturauswertungen nachgekommen. Lieferantenbesuche und Betriebsbesichtigungen gehören zum Aufgabenbereich des Einkaufsleiters. Diese werden zusammen mit der Abteilung Qualitätssicherung durchgeführt. Bei umsatzstarken Rohstoffen und Baugruppen wird die Strategie Global Sourcing verfolgt.

Ein funktionsübergreifendes Team wird zur Lösung von aktuellen Unternehmensproblemen und bei Projekten gebildet. Je nach Bedarf werden auch Lieferanten in diesem Team miteingebunden. Diese Integration der verschiedenen Unternehmensbereiche ermöglicht einen ganzheitlichen

Lösungsansatz und reduziert somit die Gefahr einer Fehlentscheidung. Der Lieferant kann dabei entscheidenes Know-How und Innovationen ins Unternehmen einbringen.

3.   Resümee

Die Krueger Apparatebau GmbH & Co. KG, die sich für drei Hierarchie-Ebenen entschieden hat, kann mit kurzen Entscheidungswegen sehr flexibel auf Veränderungen am Markt reagieren. Die Größe "Time to Market" ist in der heutigen Zeit, in der sich die Produkt- bzw. Innovationszyklen verkürzen, sehr erfolgsentscheidend. Dieses wird in der Krueger Apparatebau GmbH & Co. KG konsequent verfolgt.

4. Abschnitt

Personalentwicklung und Mitarbeiterführung
Aufgaben strategischer Personalarbeit im Einkauf

Hans Spohrer

1.   Personalplanung und -auswahl

Der Personalbedarf des modernen, strategisch orientierten Einkaufs läßt sich nicht über den Daumen peilen. Solide Grundlagen sind die für einen bestimmten Zeitraum festgelegten Einkaufsstrategien und die Einkaufspolitik des Unternehmens, deren Realisierung die Stellenzahl und Qualifikation des effizienten Einkaufs bestimmen.

Die Beschaffungsaktivitäten werden durch logistische Anforderungen und durch das Volumen der Beschaffungsvorgänge beeinflußt, wobei Art der Produktion (Serien- oder Einzelfertigung) und Stabilität der Produktionsplanung über die Zahl der erforderlichen Stellen entscheiden.

Für den gestaltenden Einkauf ist der geplante und von der Geschäftsführung auch akzeptierte Kreativitätsspielraum für die Personalentwicklung eine grundlegende Voraussetzung.

Die gewollte Intensität eines ergebnisorientierten Beschaffungsmarketing bestimmt schließlich die Personalanforderungen. Als Beispiele sind genannt:

-       Beschaffungsmarktforschung für A-Material, permanent und global,
        Make-or-Buy-Analysen für vorab definierte Baugruppen,
-       Pilot-Einkauf für neu zu entwickelnde Produkte.

Dabei wird im Fall von Umbesetzungen im Einkauf die Eignung der Mitarbeiterin bzw. des Mitarbeiters aus internen Zwängen meist weniger geprüft als bei Neueinstellungen. Dies kann ein schwerwiegender Fehler sein.

Die Auswahl qualifizierter Mitarbeiter für den Einkauf wird wegen der zunehmenden Härte des Wettbewerbs für jedes Unternehmen immer wichtiger.[1] Mit der Personalabteilung sollten Anforderungsprofile - identisch mit den Stellenbeschreibungen - erstellt werden, wobei die innerbetriebliche Einstufung und das Gehalt dem neuen Stellenwert im Einkauf entsprechen sollten.

Welche Eigenschaften und Fähigkeiten sind von der Einkäuferin / vom Einkäufer in Zukunft zu erwarten?

-        Logisches Denkvermögen, analytische Fähigkeiten bei komplizierten Sachverhalten,
-        technischer Sachverstand, Beherrschung technischer Grundlagen,
-        angemessenes wirtschaftliches und rechtliches Wissen,
-        ausgeprägtes Kostenbewußtsein,
-        Beherrschung der englischen Sprache,
-        Teamfähigkeit,
-        Kommunikationsbereitschaft,
-        konsequentes Handeln nach ethischen Grundsätzen,
-        Bereitschaft zur Weiterbildung in Wirtschaftswissenschaften, Sprachen und Technik.

Auffallend ist, daß langjährige Erfahrung heute nicht mehr in dem Umfang gefragt ist wie früher. Die persönlichen Anlagen des Bewerbers, ob Neueinstellung oder aus dem eigenen Unternehmen, sind von größerer Bedeutung. Die Einkaufsleitung muß die obengenannten Veranlagungen in jedem Fall weiterentwickeln.

---

[1]   Vgl. Jetter,O., Einkaufsmanagement, Verlag moderne industrie, Landsberg 1990, S. 286.

2.   Stellenbeschreibung im Einkauf

Aus der industriellen Einkaufspraxis sind aus mehreren großen Unternehmen die nachstehenden Elemente einer Stellenbeschreibung des qualifizierten und gestaltenden Einkäufers zusammengeführt.

Die Notwendigkeit einer Stellenbeschreibung ergibt sich aus zwei wesentlichen Gründen:

■   Planung und Festlegung der Aktivitäten der Einkäuferin / des Einkäufers,

■   ordnungsgemäße Einstufung in das Entgeltsystem des Unternehmens bzw. Einordnung in das Tarifsystem der zutreffenden Industriegewerkschaft.

Im Hinblick auf die nachstehenden Einzelheiten einer Stellenbeschreibung sei darauf hingewiesen, daß die Punkte (a) bis (d) Mindesterfordernisse darstellen, um eine Einstufung vornehmen zu können.

(a)   Organigramm, um die Stellung in der Einkaufsorganisation zu definieren

Mit einer Skizze wird deutlich gemacht, an wen die Stelle berichtet und welche andere Stellen im Einkauf ihr unterstehen. Durchgehende Linien verbinden die Arbeitsplätze. Damit werden disziplinarische und fachliche Beziehungen dokumentiert.

Mit gestrichelten Linien sollen fachliche Weisungsbefugnisse von oder an andere Stellen festgehalten werden.

Es handelt sich hierbei um einkaufsseitige Weisungen z.B. an die Beschaffungsfunktion zur speziellen Abwicklung eines Rahmenvertrages mit einem Lieferanten, ähnliche Hinweise für den Wareneingang oder genehmigte Sonderkonditionen mit einem Lieferanten für die Rechnungsprüfung.

(b)   Kurzbeschreibung der Stelle und Befugnisse

In diesem Abschnitt geht es zunächst um eine prägnante Definition der Stelle, ohne in die Aufzählung der einzelnen Aufgaben (Punkt (d)) zu verfallen.

Typische Beispiele sind:

-       Einkaufsgruppenleiter für chemische Rohstoffe sowie organische und anorganische Chemikalien.

oder:

-       Facheinkäufer für Elektro- und Elektronikmaterial und Baugruppen.

Die Befugnisse stellen sich beispielsweise wie folgt dar:

-       Verhandlungsbefugnis bis zum Abschlußwert von DM 100.000.

-       Unterschriftsbefugnis für Rahmenverträge bis zum Abschlußwert von DM 500.000 gemeinsam mit einem Prokuristen.

-       Alleinbefugnis für Bestellabrufe in unbegrenzter Höhe aus Rahmenabkommen.

Die Anwendung moderner EDV-Systeme führt im Einkauf häufig zur elektronischen Kommunikation ohne Unterschrift. Die Befugnis des Einkäufers im EDV-System, festgelegt durch seinen Geheimcode und die Transaktionsbefugnis[1], werden in der Stellenbeschreibung beispielsweise wie folgt dokumentiert:

-       Systemfreigabe von Bestellungen bis zum Wert von DM 20.000.

-       Nachträgliche Veränderung von erteilten Bestellungen bis zu 20 % des ursprünglichen Wertes.

-       Nachträgliche Veränderung von Bestellkonditionen mit Ausdruck an und Unterschrift durch den Vorgesetzten.

---

[1]   Vgl. Abschnitt 2, Seite 62 dieses Buches.

(c)   Vertretungsaufgaben

Die notwendige Flexibilität des heutigen Einkaufs hinsichtlich einer schnellen Lösung von akuten Bedarfs- und Problemfällen erfordert zumindest für den Einkaufsleiter eine ständige Vertretung. Die Bereitschaft einer erfahrenen Einkäuferin bzw. eines Einkäufers zur Übernahme dieser verantwortungsvollen Aufgabe muß im Entgelt honoriert werden.

Fallweise Urlaubs- oder Krankheitsvertretungen von Kolleginnen bzw. Kollegen auf gleicher Ebene sind ebenfalls zu vermerken, auch wenn diese Vertretung nur zu einem geringen "Punktgewinn" bei der Einstufung führt.

(d)   Einkaufsaufgaben und deren Arbeitsumfang in ca. %-Anteilen der Arbeitszeit

Dieser Abschnitt der Stellenbeschreibung ist der umfangreichste und gleichzeitig der schwierigste. Sachlichkeit ist gefragt und Übertreibungen sind fehl am Platz. Da vor allem in Großunternehmen die gestaltenden Einkaufsaufgaben zu einer höheren Einstufung im Gehaltstableau führen, werden die Angaben im Zweifelsfall durch eine Einstufungskommission überprüft. Manipulationen durch den Einkaufsleiter mit dem Ziel einer besseren Gehaltseinstufung sind riskant.

Nachstehend einige Formulierungen aus der einkäuferischen Praxis[1]:

Der Stelleninhaber

-    führt Beschaffungsmarkt- und Lieferantenbeobachtung für seinen Materialsektor im In- und Ausland regelmäßig durch und dokumentiert die Informationen. (Arbeitsanteil durchschnittlich 10 %)

-    prüft Bedarfsanforderungen, die nicht durch Rahmenverträge gedeckt sind, auf Plausibilität, legt den Bieterkreis fest und löst im System Telefaxanfragen aus. (Arbeitsanteil durchschnittlich 20 %)

---

[1]   Da es sich hierbei um eine auszugsweise Wiedergabe handelt, ergeben die Arbeitsanteile keine 100%!

-        überwacht eingehende Angebote, macht sie vergleichbar und
         wertet sie aus. (Arbeitsanteil 10 %)

-        führt telefonisch oder im Büro Verhandlungen durch und protokol-
         liert die Ergebnisse. (Arbeitsanteil 8 %)

Diese Ausführungen können bei Vorliegen eines Einkaufshandbuchs unter
bezug auf die einzelnen Abschnitte dort vereinfacht werden.[1]

Mit dem Punkt (d) kann eine Stellenbeschreibung unter Minimalanforde-
rungen abgeschlossen werden. Sie ermöglicht der Einkaufsleitung, der
Personalabteilung und dem in Kenntnis zu setzenden Mitarbeiter das
Verständnis für die Rolle des Arbeitsplatzes im Einkauf.

(e)   Tragweite und Einflußnahme der Stelle auf einkäuferisches Han-
         deln

Eine zweifellos sehr wesentliche Aussage, die in der Praxis das vom
Stelleninhaber aktiv zu beeinflussende Einkaufsvolumen als Grundlage
nennt.

In keinem Fall ist es angebracht, an dieser Stelle Kostensenkungspo-
tentiale auszuweisen. Diese gehören in die jährlich zu entwickelnde
Einkaufsstrategie und schlagen sich in der Beurteilung des Einkäufers
nieder (siehe unter Ziffer (c) in diesem Abschnitt).

Zur Einflußnahme einer Einkäuferstelle gehören die Maßnahmen, die sie
bzw. er in Eigenverantwortung durchführen muß, zum Beispiel:

-        Vermeidung von Terminverzögerungen,
-        Nutzung von Gegengeschäftsmöglichkeiten,
-        Erkennen und Vermeiden von Lieferantenausfällen,
-        Vorschläge zu wertanalytischen Maßnahmen,
-        Führung des "Make-or-Buy"-Teams.

---

[1]   Vgl. Hartmann, Horst, Materialwirtschaft: a.a.O., S. 110 ff.

(f)   Erforderliche Berufsausbildung

Diese Angaben zur erforderlichen Berufsausbildung erleichtern die Perso-
nalplanung, insbesondere die Arbeit der Personalabteilung. Angaben wie
z.B. Betriebswirt (FH) oder Industriekaufmann reichen aus.

(g)   Zusätzliche Fachkenntnisse

In der Regel sind technische Kenntnisse gefordert, die auf anerkannten
Lehrgängen oder firmeninternen Seminaren zu erwerben sind.

(h)   Erforderliche Sprachkenntnisse

Es muß unbedingt festgelegt werden, für welche Tätigkeiten die Sprachkenntnisse verlangt werden. Zum Beispiel: "Englisch für Verhandlungen
und Schriftwechsel mit Lieferanten aus diesem Sprachenbereich."

(i)   Berufs- und Betriebserfahrung

Es kann nützlich sein, die Zeitdauer für den Erwerb der für die Stelle
notwendigen Berufserfahrung festzuhalten. Das Gleiche gilt für die Einarbeitung bis zur uneingeschränkten Entfaltung der Fähigkeiten im Einkauf.

(k)   Art und Umfang der Kontakte nach innen und außen

Für die Stellen im Einkauf sind Kommunikation im Unternehmen und mit
den Lieferanten von entscheidender Bedeutung. Um dies sicherzustellen,
sollten die Ansprechfunktionen aufgezählt und die Reisetätigkeit ausdrück-
lich begründet werden. Als Aufgaben sind diese Kontakte bereits unter (d)
genannt. In diesem Punkt geht es um die Außenwirkung des Einkäufers
als Repräsentant des Unternehmens.

In vorbildlich geführten Unternehmen ist es Pflicht, eine Stellenbeschreibung nach Durchsprache und Unterschrift durch den Stelleninhaber
vom Einkaufsleiter und der Personalabteilung zu bestätigen.

Eine Stellenbeschreibung muß aktuell gepflegt werden. Sie darf zwar nicht auf die Person des Stelleninhabers ausgerichtet sein, jedoch ist es häufig so, daß mit dem Wechsel eines erfahrenen Einkäufers in ein anderes Arbeitsgebiet die Aufgaben neu verteilt werden.

Die Stellenbeschreibung kann für die ständig wahrzunehmenden Aufgaben bei der Beurteilung herangezogen werden. Der Erfüllungsgrad der Anforderungen kann damit lückenlos abgefragt werden. In der Regel müssen jedoch die spezifischen Ziele aus der Beurteilungsperiode berücksichtigt werden.

3.   Die Beurteilung der Einkäuferin / des Einkäufers

Persönliche und fachliche Beurteilungen finden in der Praxis jährlich, in einigen Fällen jedes zweite Jahr statt.

Ausgangspunkt sind die Aufgaben gemäß Stellenbeschreibung und die für den Beurteilungszeitraum vom Einkaufsleiter vorgegebenen Ziele, wie sie sich aus Einkaufsstrategie und Einkaufspolitik ableiten lassen und auf den Arbeitsplatz im Einkauf projeziert worden sind.

Kernelement einer einkäuferischen Leistungsbeurteilung ist die Beantwortung der Frage, wie die speziellen Ziele und die ständig wiederkehrenden Aufgaben im Beurteilungszeitraum erfüllt worden sind.

Diese Frage sollte in einem ausführlichen Gespräch beantwortet werden. Berichte und statistische Unterlagen sind dabei hilfreich, denn das Gedächtnis kann nicht alles reproduzieren.

Es ist vorteilhaft, wenn die Bewertungsskala nicht zu breit gefächert ist. In der Praxis werden folgende Beispiele angetroffen:

-       Die Leistungen werden den Anforderungen noch nicht gerecht, Ziele zum Teil nicht erfüllt -> 1 Punkt.

-       Die Leistungen entsprechen voll und ganz den Anforderungen -> 3 Punkte.

- Die Leistungen werden in hohem Maße übertroffen und ein wesentlicher Beitrag wird zum Einkaufsergebnis geleistet -> 5 Punkte.

Um Ansätze für eine Verbesserung der Leistungen zu finden, ist der Grad der Aufgabenerfüllung sinnvollerweise durch Beurteilung nachstehender Merkmale zu ergänzen:

- Qualität der einkäuferischen Arbeit und Anwendung der Fachkenntnisse,

- Arbeitsplanung und Zeitausnutzung,

- Initiative und Zusammenarbeit,

- für Führungskräfte: Mitarbeiterführung.

In einer freitextlichen Ergänzung soll festgehalten werden, welche leistungshemmenden und leistungsfördernden Faktoren zu der Beurteilung führten. Auch die Zustimmung oder abweichende Meinung des Beurteilten ist zu dokumentieren.

Das Ziel einer Beurteilung darf nicht aus dem Auge verloren werden:

■ Sachlich fundierte Kritik und Anerkennung zur Förderung und Motivation des Mitarbeiters.

Um die Stärken und Schwächen der Beurteilten noch besser herausarbeiten zu können, werden die Fähigkeiten in vielen Unternehmen im Einzelnen festgestellt. Dies verursacht der Einkaufsleitung unter Umständen einen hohen Zeitaufwand, kann jedoch für die Laufbahn des Betroffenen bei beidseitiger Objektivität vorteilhaft sein.

Ein Praxisbeispiel für eine Punktebewertung lautet:

(a)   Fachkönnen:

Einkaufsmarketing, Beschaffungsmarktforschung, Wertanalyse, Make-or-Buy-Analyse, Einkaufsplanung, Rechtsfragen, Organisation.

(b)   Geistige Fähigkeiten:

Auffassung, gedankliche Verarbeitung, übergeordnetes Denken, Wirklichkeitssinn.

(c)   Arbeitsverhalten:

Geschäftssinn, Initiative, Selbständigkeit, Zuverlässigkeit, Entscheidung, Verantwortung, Gruppenverhalten (Teamfähigkeit), Verhandlungsgeschick, Zeit- und Energieaufwand, Ausdauer, Belastbarkeit.

(d)   Führungsverhalten:

Zielvorgabe, Informieren, Delegieren, Kontrollieren, Beurteilen, Fördern, Zusammenarbeit sichern.

Literaturverzeichnis

Buff, Robert   Kostenmanagement im Einkauf, in: Beschaffung aktuell, Nr. 8, Leinfelden 1993

Deutsche Bundesbank   Monatsberichte, Frankfurt, November 1994

Fieten, Robert   Integrierte Materialwirtschaft - Stand und Entwicklungstendenzen, Leinfelden 1994

Fischer, Edwin   Beschaffungsorganisation im Europa der 90er Jahre, in: Beschaffung aktuell, Nr. 8, Leinfelden 1989

Gerlich, Eggbert W.   Logistischer Einkauf - marktkonform, in: Beschaffung aktuell, Nr. 6, Leinfelden 1993

Groth, Uwe/ Kammel, Andreas   Simultaneous Engineering auf der Basis resortübergreifender Projektteams, in: Zeitschrift Führung + Organisation, Baden-Baden 1994

Hartmann, Horst   Materialwirtschaft - Organisation, Planung, Durchführung, Kontrolle, 6. Auflage, Gernsbach 1993

ders.   Ergebnisorientierter Einkauf, in: Beschaffung aktuell, Nr. 2, Leinfelden 1990

ders.   Beschaffungsorganisation optimal gestalten abseits traditioneller Rollen, in: Maschinenmarkt, Nr.12, Würzburg 1992

Hartmann, Horst/ Pahl, Hans-Joachim/ Spohrer, Hans   Lieferantenbewertung - aber wie? Lösungsansätze und erprobte Verfahren, Gernsbach 1993

Jetter, Otto   Einkaufsmanagement - Qualitätsprodukte kostengünstig einkaufen in Europa und weltweit, Landsberg 1990

Kern, Ferdinand   Einkaufsmarketing - Der Aufstieg zum Einkaufsmanagement, Freiburg 1993

Lohmann, Rüdiger/
Schubert, Paul   Effektiver einkaufen durch Trennung von Marktbearbeitung und Beschaffung, in: Beschaffung aktuell, Nr. 11, Leinfelden 1988

Pferdmenges, Steffen   Einkaufsmarketing, in: Beschaffung aktuell, Nr.10, Leinfelden 1988

Weber, Jürgen/
Weise, Frank-J./
Kummer, Sebastian   Einführung von Logistik, Stuttgart 1993.

Stichwortverzeichnis